Winter Küche

VOLLER WÄRME, KRAFT UND SINNLICHKEIT

Winter Küche

VOLLER WÄRME, KRAFT UND SINNLICHKEIT

TEXT & REZEPTE: TANJA DUSY | FOTOS: KLAUS-MARIA EINWANGER

A. Nigg
Wallgau

Willkommen wohlige Winterzeit!

Wenn die Tage kürzer und das Licht bleich und fahl wurden, erfasste mich früher regelmäßig Schwermut. Vorbei die Sommertage voller Lachen, vibrierender Luft und strahlend blauem Himmel. Leuchtend rote Tomaten, saftiges Obst, Beeren und aromatische Kräuter verschwanden nach und nach aus der Küche, dafür hielten Kohl und runzelige Rüben Einzug. Es hat lange Zeit gedauert, bis ich mich mit dem Winter anfreunden konnte ...

Eigentlich brachte erst der Umzug ins Voralpenland, in die Nähe der Berge die Wende. Hier sind die Winter oft lang, streng und gleichzeitig wunderschön. Mit Spaziergängen durch tief verschneite Wälder, Pulverschnee, der im Sonnenschein funkelt, knirschendem Eis unter Schlittschuhkufen und der ganz besonderen Stille, wenn die Welt unter einer dicken Schneedecke versinkt. Es ist eine Zeit der Ruhe, Klarheit und Einkehr – und das häufig im wortwörtlichen Sinn: Hier locken Gasthäuser und Berghütten den Wanderer mit bullerndem Kachelofen und rustikalem Charme. Auf den Tisch kommen bodenständige Gerichte, die satt und zufrieden machen. Eine Küche, die mit dem auskommt, was Keller und Scheune im Winter zu bieten haben. All die Seelenwärmer-Gerichte meiner Kindheit fallen mir wieder ein: Hühnersuppe, Nudelauflauf mit üppiger Käsekruste oder gefüllte Kohlrouladen. Sie wärmten damals nach dem Schlittenfahren, wenn wir durchgefroren, mit roten Nasen nach Hause kamen. Abends saßen wir in Decken eingekuschelt in der Küche, während im Backofen Kastanien rösteten oder Bratäpfel dufteten. Es wurde erzählt, gelesen, gebastelt und wir vergaßen dabei Zeit, Schnee und Eis, und der Winter wurde plötzlich zum warmen, wohligen Gefühl.

Kochen im Winter ist für mich wie eine nostalgische Zeitreise, eine Heimwehküche mit dem Bemühen, aus Einfachem etwas richtig Gutes zu machen. Heute schätzt man endlich wieder jene Zutaten, die die Winterküche ausmachen: Kartoffeln, Kohl, Wurzelgemüse sowie viele, lang vergessene, alte

Gemüsesorten wie Schwarzwurzeln, Pastinaken oder Steckrüben. All diese Gemüse wurden früher für die kalte Jahreszeit eingelagert und sollten im besten Fall bis zum nächsten Frühjahr halten. Genau wie Sauerkraut im Fass, getrocknete Linsen, Erbsen und Backobst, Räucherspeck, Würste und Schmalz. Sie sind Basis vieler klassischer Gerichte in allen nördlichen Regionen von Skandinavien bis Russland. Mir hat es Spaß gemacht, mich bei der Auswahl der Zutaten bewusst zu beschränken und alten Kochtraditionen nachzuspüren. So fand dann auch das Rezept für den Mohnstriezel meiner ostpreußischen Großmutter seinen Platz.

Gutes Tradiertes wiederzuentdecken, war bei diesem Buch die eine besondere Erfahrung. Dass man dabei vieles anders, etwas weniger altmodisch, aber mindestens genauso gut machen kann, die andere. Das gilt vor allem für Wintergemüse. Neu kombiniert und zubereitet lockt es in knackigen Salaten, überrascht als südländisch wirkendes Antipasti-Gemüse und passt für leichte Süppchen oder deftige Aufläufe gleichermaßen – dabei kein Gedanke an miefigen Kohl und Mehlschwitze. Dazu braucht es nicht viel, aber auf jeden Fall das ein oder andere Gewürz: etwas Kümmel, Piment, ein paar zerriebene Wacholderbeeren oder ein Hauch von Koriander. Sie sind ebenso typische Wintergewürze wie Zimt, Nelken oder Kardamom, die man aus der weihnachtlichen Backstube kennt. Mal sparsam, mal verschwenderisch verwendet, geben sie nicht nur Aroma, heben oder kontrastieren eine andere Zutat, sondern machen einen von innen so richtig schön wohlig warm.

Gerichte, die die Seele wärmen, trübe Gedanken vertreiben, Kraft spenden und gute Laune machen – das ist Winterküche im besten Sinne. Jetzt ist endlich die Zeit zum gemütlichen Zusammensitzen mit Freunden und Familie. Und genau dafür gibt es hier die passenden Rezepte: heiße Getränke und Gebäck für den Adventskaffeeklatsch, Glühwein und feine Snacks, Wärmendes für jeden Tag, Sonntäglich-Feines für all die Festtage, Edles fürs Silvester-Büfett aus Skandinavien und Russland sowie urig-alpenländische Hüttenspeisen für die entspannte Runde. Genießen Sie die gemütliche Winterzeit!

Raureif

Radicchio-Fenchel-Salat mit Orangen

ZUTATEN für 4 Personen:
1 Radicchio (ca. 200 g)
1 kleine Knolle Fenchel
2 Orangen
1 TL körniger Senf
1 TL Honig
2 EL Weißweinessig
Salz | Pfeffer
5 EL Olivenöl
8 in Öl eingelegte schwarze Oliven (ohne Stein, nach Belieben)

ZUBEREITUNGSZEIT: 25 Min.
PRO PORTION: ca. 200 kcal

1 Den Radicchio in einzelne Blätter teilen, eventuell sehr dicke Blattenden abschneiden. Blätter waschen, trocken schleudern oder tupfen und längs in schmale Streifen schneiden. Von dem Fenchel die Stiele und den Strunk abschneiden, Knolle waschen, putzen und längs in feine Scheiben schneiden.

2 Von den Orangen die Schalen samt der weißen Haut abschneiden und die Fruchtfilets aus den Trennhäuten herausschneiden, dabei den ablaufenden Saft auffangen.

3 Senf, Honig, Essig und 5–6 EL Orangensaft verrühren, mit Salz und Pfeffer würzen und das Öl kräftig unterschlagen. Das Dressing mit Radicchio und Fenchel mischen, die Orangenfilets vorsichtig unterheben und alles 5 Min. durchziehen lassen.

4 Wer möchte, schneidet inzwischen die Oliven in dünne Ringe und streut sie dann vor dem Servieren noch über den Radicchio-Fenchel-Salat.

TIPP – Vitaminplus mit Frucht und Nuss
Kräftige, leicht bittere Wintersalate wie Chicorée oder Radicchio, aber auch der nussig schmeckende Feldsalat lassen sich wunderbar mit Obst ergänzen. Zitrusfrüchte wie Orangen, Mandarinen oder rosa Grapefruits liefern dabei besonders viele Vitamine, die man im Winter gut brauchen kann. Walnüsse oder Haselnüsse sowie Sonnenblumen-, Pinien- oder Kürbiskerne runden das Ganze noch aromatisch ab.

Feldsalat mit Granatapfel

ZUTATEN für 4 Personen:
1 Granatapfel
80 g durchwachsener Räucherspeck
250 g Feldsalat
30 g Walnusskerne
1 Schalotte
2 EL Weißweinessig
Salz | Pfeffer
4 EL Sonnenblumenöl

ZUBEREITUNGSZEIT: 30 Min.
PRO PORTION: ca. 300 kcal

1 Den Granatapfel quer durchschneiden. Eine Hälfte in groben Stücken auseinanderbrechen und die einzelnen Fruchtkerne zwischen den Häutchen herauslösen. Aus der anderen Hälfte den Saft mit der Saftpresse vorsichtig ausdrücken. Achtung, es spritzt sehr! Hilfreich: Die Presse in einen Gefrierbeutel stellen und den Granatapfel darin auspressen.

2 Den Speck in kleine Würfel schneiden. Den Feldsalat putzen, waschen und trocken schleudern oder tupfen. Walnüsse grob hacken. Die Schalotte schälen und möglichst fein würfeln.

3 Schalotte, Granatapfelsaft und Weißweinessig verrühren, mit Salz und Pfeffer würzen und 3 EL Öl kräftig unterschlagen. Restliches Öl in einer kleinen Pfanne erhitzen, darin den Speck bei mittlerer Hitze knusprig braun braten. Vom Herd nehmen, das Dressing in die Pfanne geben und zügig mit dem Speck verrühren.

4 Das Speckdressing sofort mit dem Feldsalat vermischen. Mit Granatapfelkernen und Walnüssen bestreuen und sofort servieren.

Chicoréesalat mit Datteln

ZUTATEN für 4 Personen:
2 Stauden Chicorée (ca. 250 g)
5 frische Datteln (ersatzweise getrocknete Medjool-Datteln)
2 Mandarinen
100 g Naturjoghurt
1 EL saure Sahne
Salz | Pfeffer
1–1 ½ TL frisch gepresster Zitronensaft
1 EL Haselnüsse

ZUBEREITUNGSZEIT: 25 Min.
PRO PORTION: ca. 105 kcal

1 Den Chicorée waschen und putzen, die Strünke abschneiden und die Blätter ablösen. Die einzelnen Blätter übereinanderlegen und dann quer in ca. 1,5 cm breite Streifen schneiden.

2 Die Datteln längs halbieren, die Kerne herauslösen und die Hälften längs in schmale Streifen schneiden. 1 Mandarine halbieren und von einer Hälfte den Saft auspressen. Die übrigen Mandarinen schälen, in einzelne Spalten teilen und diese jeweils quer durchschneiden.

3 Den Joghurt mit Mandarinensaft und saurer Sahne glatt verrühren, mit Salz und Pfeffer würzen und mit Zitronensaft abschmecken. Das Dressing mit dem Chicorée, den Mandarinenstückchen und den Datteln mischen. Die Haselnüsse grob hacken oder in feine Blättchen schneiden und über den Salat streuen.

GRAINES D'ANJOU
CHOU
CŒUR-DE-BŒUF GROS

Rotkohl-Mango-Salat mit Entenbrust

ZUTATEN für 4–6 Personen:
100 ml Apfelsaft
3 Nelken
3 Wacholderbeeren
1 Zimtstange
½ Rotkohl (ca. 600 g)
Salz | Pfeffer
1 TL scharfer Senf
2 EL Rotweinessig
3 EL Sonnenblumenöl
1 vollreife Mango
1 geräucherte Entenbrust (ca. 300 g)

ZUBEREITUNGSZEIT: 30 Min.
MARINIERZEIT: 3 Std.
PRO PORTION (bei 6 Personen): ca. 185 kcal

1 Den Apfelsaft mit den Gewürzen in einen kleinen Topf geben (vorher die Wacholderbeeren leicht anquetschen), aufkochen und zugedeckt bei kleiner Hitze 8 Min. köcheln lassen. Lauwarm abkühlen lassen.

2 Inzwischen die Rotkohlhälfte längs halbieren und unschöne äußere Blätter entfernen, den Strunk keilförmig herausschneiden. Den Rotkohl quer in schmale Streifen schneiden oder hobeln. Den Kohl mit ½ TL Salz in einer Schüssel mischen und mit beiden Händen gut 1 Min. durchkneten, damit die Kohlstreifen weich werden.

3 Lauwarmen Apfelsaft durch ein feines Sieb gießen und auffangen. Mit wenig Salz und Pfeffer würzen, Senf, Essig und Öl unterrühren und alles mit dem Kraut mischen. Den Salat 2–3 Std. marinieren lassen.

4 Vor dem Servieren die Mango schälen, Fruchtfleisch längs vom Kern schneiden und klein würfeln. Die Entenbrust quer in dünne Scheiben schneiden. Mango und Entenbrust unter den Salat heben, servieren.

Bayrischer Krautsalat mit Speck

ZUTATEN für 4–6 Personen:
1 Weißkohl (ca. 800 g)
Salz
1 Zwiebel
100 g durchwachsener Räucherspeck
6 EL Sonnenblumenöl
¾–1 TL Kümmelsamen
2 EL Weißweinessig
Pfeffer
Schnittlauchröllchen zum Bestreuen (nach Belieben)

ZUBEREITUNGSZEIT: 35 Min.
MARINIERZEIT: 15 Min.
PRO PORTION (bei 6 Personen): ca. 240 kcal

1 Unschöne äußere Blätter vom Kohl entfernen, den Kopf längs vierteln, den Strunk keilförmig herausschneiden. Die Viertel quer in ganz schmale Streifen schneiden oder hobeln. Den Kohl in einer Schüssel mit ¾ TL Salz mischen und kräftig mit beiden Händen gut 1 Min. durchkneten, bis er weicher wird, anschließend 20 Min. Saft ziehen lassen.

2 Inzwischen Zwiebel schälen und wie den Speck klein würfeln. 3 EL Öl in einer kleinen beschichteten Pfanne erhitzen. Darin Zwiebel und Speck anbraten, bis der Speck leicht bräunt und die Zwiebel goldgelb ist. Vom Herd nehmen und etwas abkühlen lassen. Den Kümmel grob hacken.

3 Essig und übriges Öl in die Pfanne geben, alles gut durchrühren und noch lauwarm zum Kohl gießen. Mit Salz, Pfeffer und Kümmel würzen, durchmischen und 10–15 Min. marinieren lassen. Nach Wunsch mit Schnittlauch bestreuen, servieren.

Linsensalat mit Schwarzwurzeln und Nüssen

ZUTATEN für 4 Personen:
250 g Schwarzwurzeln
7 EL Rotweinessig
1 EL Mehl
Salz
150 g Le-Puy-Linsen (ersatzweise Beluga-Linsen)
2 Schalotten
1 dicke Möhre
1 Stück Lauch (ca. 60 g)
1 EL Butter
400 ml Gemüsebrühe
Pfeffer
3 EL Olivenöl
1 TL Zucker
1 TL scharfer Senf
2 TL frisch gepresster Zitronensaft
3 EL Walnussöl
40 g Walnusskerne
½ Bund Schnittlauch
8 dünne Scheiben Frühstücksspeck (Bacon, nach Belieben)

ZUBEREITUNGSZEIT: 50 Min.
MARINIERZEIT: 25 Min.
PRO PORTION: ca. 535 kcal

1 Schwarzwurzeln schälen (dabei unbedingt Einweghandschuhe tragen, da der austretende milchige Saft braune Flecke gibt), waschen, in ca. 3 cm lange Stücke schneiden. Diese sofort in 1 l Wasser geben und mit 3 EL Essig und dem Mehl verrühren (so werden die Schwarzwurzeln nicht braun). In einem Topf Wasser zum Kochen bringen, salzen. Schwarzwurzeln abgießen, in das kochende Wasser geben und zugedeckt in 10–12 Min. bei mittlerer Hitze bissfest garen. Dann in ein Sieb gießen, unter fließendem kaltem Wasser kurz abschrecken und abtropfen lassen.

2 Inzwischen in einem Topf reichlich Wasser aufkochen. Linsen in einem Sieb abbrausen, ins Wasser geben und bei mittlerer Hitze 5 Min. sprudelnd kochen lassen. In das Sieb gießen und abschrecken. Die Schalotten schälen und fein würfeln. Möhre schälen und in ca. 5 mm große Würfel schneiden. Den Lauch vierteln, waschen und in ca. 5 mm breite Stücke schneiden.

3 Butter in einem Topf schmelzen. Darin Schalotten, Möhre und Lauch andünsten, mit Brühe aufgießen, die Linsen dazugeben und in ca. 20 Min. bissfest garen. Kurz vor Garzeitende mit Salz und Pfeffer würzen. Gegarte Linsen in ein Sieb gießen, dabei Brühe auffangen. Linsen leicht abkühlen lassen. Anschließend übrigen Essig, Olivenöl, Zucker und Senf verrühren, mit Salz und Pfeffer würzen und unter die lauwarmen Linsen mischen.

4 Während die Linsen garen, 1 ½ TL Zitronensaft und das Walnussöl verrühren, salzen, pfeffern und mit den leicht abgekühlten Schwarzwurzeln mischen. Walnüsse grob hacken, Schnittlauch abbrausen, trocken schütteln und in Röllchen schneiden. Speck in einer großen beschichteten Pfanne bei mittlerer Hitze knusprig braun braten, herausnehmen und auf Küchenpapier abtropfen lassen.

5 Schwarzwurzeln samt Marinade, Walnüsse und Schnittlauch unter die Linsen heben (etwas von den Nüssen und dem Schnittlauch für die Deko zurückbehalten), eventuell ein wenig von der Linsenbrühe unterrühren und den Salat 20–25 Min. marinieren lassen. Dann mit Salz, Pfeffer und übrigem Zitronensaft abschmecken. Zum Servieren den Salat mit den restlichen Walnüssen und dem übrigen Schnittlauch bestreuen. Den Speck in Stücke brechen und ebenfalls auf den Salat geben.

Rote Bete mit Quitten und Speck-Ziegenkäse

ZUTATEN für 4 Personen:
6 kleine Rote Beten (ca. 600 g)
2 Quitten (400–500 g)
8 Zweige Thymian
1 TL Korianderkörner
150 ml Apfelsaft
3 EL Olivenöl
Salz | Pfeffer
1 ½ EL Honig
1 EL Weißweinessig
4 kleine, runde Ziegenfrischkäse (je ca. 125 g)
8 dünne Scheiben Frühstücksspeck (Bacon)
1 Bratschlauch (ca. 40 cm lang)

ZUBEREITUNGSZEIT: 25 Min.
GARZEIT: 45 Min.
PRO PORTION: ca. 700 kcal

1 Backofen auf 180° vorheizen (Ober- und Unterhitze nehmen, Umluft ist nicht empfehlenswert). Rote Beten waschen, schälen und jeweils in sechs Spalten schneiden (dazu am besten Einweghandschuhe tragen). Quitten waschen, schälen, vierteln, entkernen und in 3 cm große Stücke schneiden. Thymian abbrausen und trocken schütteln, Blättchen abzupfen und hacken.

2 Bratschlauch nach Packungsangabe vorbereiten und auf ein Backblech legen. Rote Beten und zwei Drittel des Thymians hineingeben, die Quitten darauflegen. Korianderkörner in einem Mörser grob zerstoßen, mit Apfelsaft und 1 ½ EL Öl mischen, kräftig salzen und pfeffern und über die Beten und Quitten gießen, 1 EL Honig darüberträufeln. Den Bratschlauch verschließen und die Mischung im Ofen (unten) ca. 45 Min. garen.

3 Bratschlauch aus dem Ofen nehmen, aufschneiden und den Inhalt in eine Schüssel geben. Mit Essig, Salz, Pfeffer und dem übrigen Honig abschmecken, mit restlichem Thymian bestreuen, leicht abkühlen lassen. Die Ziegenkäse überkreuz mit je 2 Scheiben Speck umwickeln. Übriges Öl in einer beschichteten Pfanne erhitzen, darin die Käse bei mittlerer Hitze pro Seite in 2–4 Min. knusprig braun braten. Zu den Roten Beten servieren.

Gebackene Süßkartoffeln mit Schafskäse

ZUTATEN für 4 Personen:
1 kg Süßkartoffeln
2 große rote Zwiebeln
1 große Knoblauchzehe
2 Zweige Rosmarin
1 TL Kreuzkümmelsamen
Salz | Pfeffer
3–4 EL Olivenöl
200 g Schafskäse (Feta)

ZUBEREITUNGSZEIT: 25 Min.
GARZEIT: 25 Min.
PRO PORTION: ca. 340 kcal

1 Den Backofen auf 200° (Umluft 180°) vorheizen. Süßkartoffeln schälen, waschen und in ca. 1,5 cm große Würfel schneiden. Zwiebeln schälen, längs halbieren und quer in dünne Scheiben schneiden. Den Knoblauch schälen und fein schneiden. Den Rosmarin abbrausen und trocken schütteln, die Blättchen abzupfen und hacken.

2 Die vorbereiteten Zutaten zusammen mit dem Kreuzkümmel in eine Schüssel geben, salzen, pfeffern und das Olivenöl darübergießen. Gut durchmischen, sodass alles gleichmäßig mit Öl überzogen ist. Ein Backblech mit Backpapier auslegen, die Süßkartoffelmischung darauf verteilen. Im Ofen (oben) ca. 25 Min. garen, dabei ein- bis zweimal mit einem Löffel wenden. Aus dem Ofen nehmen, etwas abkühlen lassen.

3 Den Schafskäse in kleine Würfel schneiden oder in Stückchen brechen und über die Kartoffeln streuen, servieren. Besonders fein schmecken sie auf einem Rucola- oder Feldsalatbett. Wer möchte, richtet sie darauf an.

Topinambur-Feldsalat mit gebackenem Camembert

ZUTATEN für 4 Personen:
½ Bund Petersilie
1 Bio-Zitrone
50 g Walnusskerne
100 ml Olivenöl
2 EL Honig
Salz | Pfeffer
150 g Feldsalat
400 g Topinambur
1 große festfleischige Birne
½ TL scharfer Senf
1 ½ EL Weißweinessig
2 EL Walnussöl
2 feste Camemberts
(je ca. 250 g)
2 Eier (M)
3 EL Sahne
5 EL Semmelbrösel
4 EL Preiselbeeren
(aus dem Glas)
Öl zum Braten

ZUBEREITUNGSZEIT: 40 Min.
PRO PORTION: ca. 1005 kcal

1 Die Petersilie abbrausen, trocken schütteln und mit den Stängeln grob schneiden. Die Zitrone heiß waschen und abtrocknen, ¼ TL Schale fein abreiben und den Saft auspressen. Walnusskerne in einem elektrischen Blitzhacker fein mahlen, 20 g abnehmen, in einen tiefen Teller füllen, beiseitestellen. Petersilie und Zitronenschale mit in den Blitzhacker geben und mit dem Olivenöl, Honig und 1–2 EL Zitronensaft fein pürieren. Das Dressing mit Salz, Pfeffer und etwas Zitronensaft abschmecken.

2 Den Feldsalat putzen, waschen und trocken schleudern. Topinambur unter fließendem Wasser gründlich abbürsten und auf dem Gurkenhobel in dünne Scheiben hobeln, sofort mit 1–2 EL Zitronensaft mischen. Birne waschen, vierteln, entkernen und in schmale Stückchen schneiden, ebenfalls in etwas Zitronensaft wenden, damit sie nicht braun werden. Birne und Topinambur mischen und flach auf Tellern verteilen. Senf, Essig und Walnussöl gut verrühren, die Vinaigrette mit Salz und Pfeffer würzen.

3 Die Camemberts vierteln. Die Eier in einem tiefen Teller mit der Sahne verquirlen und mit Salz und Pfeffer würzen. Die Semmelbrösel mit den fein gemahlenen Walnüssen mischen. Die Camembertstücke erst durch das Ei ziehen, dann in den Bröseln wenden und diese gut andrücken. Am besten das Ganze nochmals wiederholen, dabei aufpassen, dass die Panande nicht abfällt. Das Öl zum Braten ca. 2 cm hoch in einer nicht zu großen, hohen Pfanne erhitzen. Die Camembertstücke darin bei mittlerer bis großer Hitze in 3–5 Min. pro Seite goldbraun backen. Herausheben, kurz auf Küchenpapier abtropfen lassen.

4 Das Petersilien-Walnuss-Dressing über Topinambur und Birne träufeln. Den Feldsalat in der Vinaigrette wenden und darauf oder daneben verteilen. Heißen Camembert auf dem Salat anrichten, sofort servieren. Die Preiselbeeren dazu reichen, damit sich jeder davon nehmen kann. Dazu schmeckt italienisches Weißbrot.

Topinambur-Tomaten-Antipasto

ZUTATEN für 4 Personen:
2 EL Sonnenblumenkerne
500 g Topinambur
3–4 EL frisch gepresster Zitronensaft
6 Zweige Thymian
½ Knoblauchzehe
Salz | Pfeffer
2–4 EL Weißwein (ersatzweise Wasser)
2 EL Weißweinessig
6 in Öl eingelegte getrocknete Tomaten
Olivenöl zum Braten

ZUBEREITUNGSZEIT: 30 Min.
MARINIERZEIT: 30 Min.
PRO PORTION: ca. 95 kcal

1 Sonnenblumenkerne in einer großen beschichteten Pfanne ohne Fett rösten, bis sie duften und leicht bräunen, dann herausnehmen und abkühlen lassen. Topinambur unter fließendem Wasser gründlich abbürsten und in ca. 3 mm dicke Scheiben schneiden oder hobeln, sofort mit 1–2 EL Zitronensaft mischen. Den Thymian abbrausen und trocken schütteln, die Blättchen abzupfen und grob hacken. Knoblauch schälen und fein hacken.

2 So viel Öl in der Pfanne erhitzen, dass der Boden ganz knapp bedeckt ist. Darin die Topinamburscheiben unter Wenden bei großer Hitze leicht braun anbraten. Knoblauch und Thymian dazugeben und kurz mitbraten, salzen, pfeffern. Mit Weißwein und restlichem Zitronensaft ablöschen. Weiterbraten, bis die Flüssigkeit eingekocht ist, dann den Essig unterrühren. Pfanne vom Herd nehmen und den Topinambur abkühlen lassen.

3 Inzwischen Tomaten abtropfen lassen und in dünne Streifen schneiden. Unter den leicht abgekühlten Topinambur mischen, 30 Min. marinieren lassen. Vor dem Servieren durchrühren, mit Pfeffer abschmecken und mit Sonnenblumenkernen bestreuen.

VOM FEINSTEN – Winter-Antipasti
Auch in der kalten Jahreszeit braucht man nicht auf herrliche Gemüse-Antipasti zu verzichten. Das Topinambur-Tomaten-Antipasto, der Winterrettich und der Orangengrünkohl eignen sich wunderbar als kleine Vorspeisen sowie zu Fondue oder Raclette, anstelle der üblichen Mixed Pickles und Essiggürkchen. Ergänzt mit eingelegtem Kürbis (siehe Seite 229), einer Platte mit dünn geschnittenem Bündner Fleisch und Tiroler Speck, kleinen Sbrinz-Käse-Röschen und Baguette, italienischem Weiß- oder Bauernbrot wird daraus ein winterliches Antipasti-Büfett.

Asiatisch gewürzter Winterrettich

ZUTATEN für 4 Personen:
4 kleine Winterrettiche (ca. 500 g)
2–3 Msp. Chilipulver
¾ TL Kurkumapulver
¾ TL Schwarzkümmelsamen (aus dem türkischen Lebensmittel- oder Asienladen)
Salz | Pfeffer
frisch gepresster Saft von 1 Orange
1 Kästchen Kresse (nach Belieben)
Sonnenblumenöl zum Braten

ZUBEREITUNGSZEIT: 25 Min.
ABKÜHLZEIT: 25 Min.
PRO PORTION: ca. 200 kcal

1 Die Rettiche unter fließendem Wasser gründlich abbürsten, gegebenenfalls schälen (die Schale kann man mitessen, sie sollte dann aber auf keinen Fall muffig oder schimmelig riechen und ganz sauber sein) und in nicht zu dünne Scheiben schneiden oder hobeln.

2 So viel Öl in einer großen beschichteten Pfanne erhitzen, dass der Boden ganz knapp bedeckt ist. Darin den Rettich bei großer Hitze anbraten – er sollte nur ganz leicht bräunen. Chili, Kurkuma und den Schwarzkümmel darüberstreuen, salzen und pfeffern, mit Orangensaft begießen und alles sofort gründlich durchrühren. Nun den Rettich 10–15 Min. bei kleiner Hitze dünsten, dabei gelegentlich 1–2 EL Wasser dazugeben, damit nichts anbrennt. Der Rettich sollte aber lediglich mit wenig Flüssigkeit feucht überzogen sein. In der Pfanne ca. 25 Min. abkühlen lassen.

3 Vor dem Servieren den Rettich nochmals gut durchrühren und abschmecken. Wer möchte, kann zusätzlich die Kresse abbrausen, trocken schütteln, abschneiden und über den Rettich streuen.

Marinierter Orangengrünkohl

ZUTATEN für 4 Personen:
400 g Grünkohl (möglichst zarte Blätter mit feinen Stielen)
Salz
4 Orangen
2 EL Zucker
1 kleine, getrocknete Chilischote
2 EL Weißweinessig
Pfeffer

ZUBEREITUNGSZEIT: 25 Min.
MARINIERZEIT: 30 Min.
PRO PORTION: ca. 110 kcal

1 Den Grünkohl gründlich waschen, grobe Stiele wegschneiden. In einem Topf reichlich Wasser zum Kochen bringen, salzen und den Kohl darin in 6–8 Min. bei mittlerer Hitze gar, aber nicht zu weich kochen. In ein Sieb gießen, kalt abbrausen und abtropfen lassen. Anschließend den Grünkohl ausdrücken und grob hacken.

2 Die Schale von 1 Orange mit einem scharfen Messer so abschneiden, dass die darunterliegende weiße Haut mit entfernt wird. Die Fruchtfilets zwischen den Trennhäuten herausschneiden und quer halbieren, dabei den ablaufenden Saft auffangen. Übrige Orangen auspressen.

3 Den Zucker in eine beschichtete Pfanne streuen und goldbraun karamellisieren lassen. Mit Orangensaft ablöschen, Chilischote dazubröseln und den Karamell bei großer Hitze unter Rühren loskochen. Essig unterrühren, kurz mitkochen. Pfanne vom Herd nehmen, Orangenkaramell mit Salz und Pfeffer würzen, Grünkohl untermischen und 30 Min. marinieren lassen. Kurz vor dem Servieren die Orangenfilets unterheben.

Sellerieschnitzel mit Apfel-Roquefort-Dip

ZUTATEN für 4 Personen:
1 Bio-Zitrone
1 große Knolle Sellerie (ca. 1 kg)
Salz
80 g Roquefort
150 g saure Sahne
1 Apfel (z. B. Boskop)
2 EL Schnittlauchröllchen
Pfeffer
2 Eier (M)
180 g Semmelbrösel
100 g Mehl zum Wenden
Butterschmalz zum Braten

ZUBEREITUNGSZEIT: 40 Min.
PRO PORTION: ca. 455 kcal

1 Die Zitrone heiß waschen und abtrocknen, 1 TL Schale fein abreiben, Saft auspressen. Sellerie schälen, in ca. 1 cm dicke Scheiben schneiden und sofort in einen Topf mit 1 l Wasser und 3 EL Zitronensaft geben. Salzen, aufkochen und die Selleriescheiben zugedeckt 5–6 Min. bei mittlerer Hitze vorgaren. In ein Sieb gießen, abtropfen lassen und trocken tupfen.

2 Inzwischen für den Dip Roquefort klein zerbröckeln und gründlich mit saurer Sahne verrühren. Apfel waschen, vierteln, entkernen, grob raspeln und sofort mit 1 EL Zitronensaft mischen. Mit dem Schnittlauch unter die Sahne rühren. Dip mit Salz, Pfeffer und etwas Zitronensaft abschmecken.

3 Eier in einem tiefen Teller verquirlen, salzen und pfeffern. Semmelbrösel mit der Zitronenschale mischen und wie das Mehl ebenfalls in einen tiefen Teller geben. Selleriescheiben erst im Mehl wenden, dann durchs Ei ziehen und zum Schluss in den Bröseln wenden, Brösel festdrücken.

4 So viel Schmalz in zwei großen beschichteten Pfannen erhitzen, dass die Böden ganz knapp bedeckt sind. Darin die Schnitzel bei mittlerer Hitze pro Seite in 5–6 Min. goldbraun braten. Herausnehmen, mit dem Dip servieren.

Frittierte Schwarzwurzeln in Bierteig

ZUTATEN für 4 Personen:
1 ½ EL Butter
170 g Mehl
3 Eier (M)
150 ml Export-Bier (ersatzweise Wasser oder Apfelsaft)
60 g frisch geriebener Parmesan
Salz | Pfeffer
1 kg Schwarzwurzeln
2 EL Weißweinessig
Öl oder Fett zum Frittieren

ZUBEREITUNGSZEIT: 50 Min.
PRO PORTION: ca. 470 kcal

1 Butter schmelzen. 150 g Mehl, Eier und Bier in einer Schüssel mit den Quirlen des Handrührgeräts gut verrühren. Butter und Parmesan unterrühren, mit Salz und Pfeffer würzen. Teig zugedeckt 30 Min. quellen lassen.

2 Inzwischen die Schwarzwurzeln schälen (dazu unbedingt Einweghandschuhe tragen, der Wurzelsaft hinterlässt braune Flecken auf der Haut), waschen und in 10 cm lange Stücke schneiden. Diese sofort in einen Topf mit 1 l Wasser geben und mit Essig und übrigem Mehl verrühren. Salzen, aufkochen und die Schwarzwurzeln zugedeckt in 10–12 Min. bissfest garen. In ein Sieb gießen, abtropfen lassen und mit Küchenpapier trocken tupfen.

3 Zum Frittieren reichlich Öl oder Fett in einem weiten Topf erhitzen – es ist heiß genug, wenn an einem Holzlöffelstiel, den man hineinhält, rasch viele Bläschen aufsteigen. Teig durchrühren, die Schwarzwurzeln portionsweise durch den Teig ziehen und im Öl oder Fett in ca. 5 Min. goldbraun ausbacken. Herausheben, auf Küchenpapier abtropfen lassen und möglichst heiß servieren. Dazu passt ebenfalls der Dip von dem Rezept oben.

Grünkohl mit Speck und Mettklößchen

ZUTATEN für 4 Personen:

Für den Grünkohl:
1,2 kg Grünkohl
1 mehligkochende Kartoffel
2 große Zwiebeln
120 g durchwachsener Räucherspeck
1 ½ EL Schweine- oder Butterschmalz
¾ l Rinder- oder Gemüsebrühe
½ TL Pimentkörner
Salz | Pfeffer
1 EL scharfer Senf

Für die Klößchen:
1 große Zwiebel
1 Knoblauchzehe
400 g Mett
1 Ei (M)
3 EL Semmelbrösel
¾ TL getrockneter Majoran
Salz | Pfeffer
Chilipulver
Öl zum Braten

ZUBEREITUNGSZEIT: 1 Std. 35 Min.
PRO PORTION: ca. 830 kcal

1 Für den Grünkohl den Kohl in einzelne Blätter teilen und gründlich waschen, trocken schütteln und putzen. Die Blätter von groben Stielen abschneiden (feine Stiele und Blattrippen kann man lassen) und eventuell kleiner zupfen. In einem großen Topf reichlich Wasser aufkochen. Darin die Kohlblätter ca. 2 Min. zugedeckt blanchieren. In ein Sieb gießen, kalt abbrausen und gründlich ausdrücken. Den vorgegarten Grünkohl je nach persönlicher Vorliebe in grobe Stücke schneiden oder fein hacken.

2 Die Kartoffel schälen und auf einer Rohkostreibe fein reiben. Zwiebeln schälen und wie den Speck klein würfeln. Schmalz in dem Topf schmelzen, darin Speck und Zwiebeln bei mittlerer Hitze goldbraun andünsten. Kohl dazugeben und unter Rühren 3–4 Min. mitdünsten. Die Brühe angießen, fein geriebene Kartoffel und Piment unterrühren, salzen und pfeffern. Den Grünkohl zugedeckt 40–45 Min. garen, dabei gelegentlich umrühren.

3 Inzwischen für die Klößchen Zwiebel und Knoblauch schälen und fein würfeln. 1 EL Öl in einer großen beschichteten Pfanne erhitzen, darin die Zwiebel und den Knoblauch goldbraun anbraten, dann vom Herd nehmen. Beides mit Mett, Ei, Semmelbröseln und Majoran gründlich vermengen, mit Salz, Pfeffer und Chili würzen. Aus der Mettmasse 20 kleine Bällchen formen und für ca. 15 Min. in den Kühlschrank stellen. Pfanne säubern.

4 Dann in der Pfanne so viel Öl erhitzen, dass der Boden ganz knapp bedeckt ist. Darin die Mettklößchen rundherum in 6–8 Min. goldbraun braten. Aus der Pfanne nehmen und leicht abkühlen lassen.

5 Senf unter den Grünkohl rühren und die Hälfte der Klößchen in den Kohl einlegen (dazu etwas Kohl beiseitelöffeln, Klößchen einlegen und den Kohl wieder darübergeben), übrige Klößchen auf dem Kohl verteilen und alles zugedeckt weitere 15 Min. garen lassen.

6 Den Kohl mit Salz und Pfeffer abschmecken und mit den Mettklößchen in eine Schüssel geben. Am besten mit Salzkartoffeln oder kurz in Butter gebratenen Pellkartöffelchen servieren.

Kohlrouladen mit Hack-Sauerkraut-Füllung

ZUTATEN für 4 Personen:
Salz
8 große Weißkohlblätter
1 Brötchen oder 2 Scheiben Toastbrot
200 g Sauerkraut (frisch oder aus der Dose)
1 große Zwiebel
3–4 EL Butterschmalz
1 Ei (M)
400 g gemischtes Hackfleisch
Pfeffer
frisch geriebene Muskatnuss
½ TL getrockneter Majoran
edelsüßes Paprikapulver
1 EL gehackte Petersilie
½ l Rinderbrühe
1 TL Speisestärke
100 g Crème fraîche
Küchengarn (bei Bedarf)

ZUBEREITUNGSZEIT: 1 Std.
GARZEIT: 40 Min.
PRO PORTION: ca. 515 kcal

1 Reichlich Wasser in einem großen Topf aufkochen, salzen. Die Kohlblätter darin portionsweise in 3–5 Min. weich garen. Mit einem Schaumlöffel herausheben, kalt abbrausen und trocken tupfen. Sollten die Mittelrippen der Blätter sehr dick sein, eventuell flacher schneiden.

2 Brötchen oder Toast in einer kleinen Schüssel in kaltem Wasser einweichen. Sauerkraut gut ausdrücken und etwas kleiner schneiden. Zwiebel schälen und fein würfeln. 1 EL Schmalz in einer kleinen Pfanne schmelzen, darin die Zwiebel bei mittlerer Hitze goldgelb braten, vom Herd nehmen.

3 Brötchen oder Toast aus dem Wasser nehmen, gut ausdrücken und fein zerzupfen. Mit Ei, Sauerkraut, Zwiebel und dem Hackfleisch in eine Schüssel geben, kräftig mit Salz, Pfeffer, Muskat, Majoran, Paprika und Petersilie würzen. Mit den Händen gründlich vermengen.

4 Je zwei Kohlblätter übereinanderlegen und je ein Viertel der Hack-Sauerkraut-Füllung daraufgeben, dabei rundherum einen kleinen Rand frei lassen. Die seitlichen Ränder über die Füllung schlagen, dann die Kohlblätter von unten her straff zu Rouladen aufrollen. Bei Bedarf mit Küchengarn zusammenbinden.

5 Das übrige Butterschmalz in einem Bräter schmelzen. Darin die Rouladen rundherum braun anbraten. Die Brühe dazugießen und alles zugedeckt bei kleiner Hitze ca. 40 Min. schmoren lassen.

6 Rouladen aus dem Bräter nehmen und abdecken. Stärke mit 3–4 EL kaltem Wasser verrühren und unter die Brühe in der Reine mischen. Aufkochen und 3–4 Min. bei großer Hitze einkochen lassen. Crème fraîche einrühren, die Sauce mit Salz, Pfeffer und Paprika abschmecken. Rouladen einlegen, heiß werden lassen und mit Salzkartoffeln servieren.

GANZ KLASSISCH – Kohlrouladen ohne Kraut
Hierfür das Sauerkraut weglassen und stattdessen 100 g mehr Hackfleisch nehmen. Wer möchte, macht gleich eine größere Menge Kohlrouladen und friert den „Überschuss“ samt Sauce ein.

Schwarzwurzeln in Zitronenrahm

ZUTATEN für 4 Personen:
1 kg Schwarzwurzeln
3 EL Weißweinessig
4 EL Mehl
50 g Butter
200 ml Gemüsebrühe
100 ml Milch
200 g Sahne
Salz
1 Bio-Zitrone
½ Bund Schnittlauch
Pfeffer
frisch geriebene Muskatnuss

ZUBEREITUNGSZEIT: 50 Min.
PRO PORTION: ca. 335 kcal

1 Die Schwarzwurzeln mit einem Sparschäler schälen (dazu unbedingt Einweghandschuhe tragen, der Wurzelsaft hinterlässt braune Flecken auf der Haut), in ca. 4 cm lange Stücke schneiden und sofort in eine Schüssel mit 1 l Wasser, dem Essig und 2 EL Mehl legen, damit sie sich nicht verfärben.

2 Die Butter in einem Topf schmelzen, übriges Mehl darüberstäuben und unter Rühren kurz anschwitzen. Die Brühe nach und nach dazugießen und immer sofort mit dem Schneebesen gründlich verrühren. Dann Milch und Sahne gut unterrühren und die Sauce offen bei kleiner Hitze 20 Min. köcheln lassen.

3 Inzwischen in einem zweiten Topf reichlich Wasser zum Kochen bringen, salzen. Die Schwarzwurzeln in ein Sieb gießen und abbrausen, in das Salzwasser geben und bei mittlerer Hitze 10–12 Min. zugedeckt garen. Währenddessen die Zitrone heiß waschen und abtrocknen, ¾ TL Schale fein abreiben und 2–3 TL Saft auspressen. Den Schnittlauch abbrausen, trocken schütteln und in Röllchen schneiden.

4 Die Sauce mit Salz, Pfeffer, Muskat, Zitronensaft und -schale würzen, eventuell noch warm halten. Gegarte Schwarzwurzeln in ein Sieb gießen und gut abtropfen lassen, dann in die Sauce geben. Mit dem Schnittlauch bestreuen und als Beilagengemüse zu Salzkartoffeln und Wiener Schnitzel oder etwa Tafelspitz (siehe Seite 75) servieren.

Geschmorter Chicorée in Senfsahne

ZUTATEN für 4 Personen:
6 Stauden Chicorée (je ca. 200 g)
1 Zwiebel | 3 Zweige Thymian
6 Stängel Petersilie
100 g durchwachsener Räucherspeck
2–3 EL Olivenöl
Salz | Pfeffer
1 EL scharfer Senf
150 ml Gemüse- oder Hühnerbrühe
100 ml Weißwein (ersatzweise Brühe)
200 g Sahne

ZUBEREITUNGSZEIT: 25 Min.
GARZEIT: 40 Min.
PRO PORTION: ca. 460 kcal

1 Die Chicoréestauden waschen, längs halbieren und die Strünke keilförmig so herausschneiden, dass die Blätter noch zusammenhalten. Die Zwiebel schälen und fein würfeln. Thymian und Petersilie abbrausen und trocken schütteln, die Blättchen abzupfen und getrennt voneinander grob hacken. Den Speck in schmale Streifen schneiden.

2 In einer großen beschichteten Pfanne 1–2 EL Öl erhitzen. Darin den Speck bei mittlerer Hitze goldbraun braten, herausnehmen. Eventuell noch etwas Öl zum Bratfett gießen und die Chicorées darin beidseitig braun anbraten, salzen und pfeffern. Chicorées herausnehmen, Zwiebel im Bratfett goldgelb andünsten, Senf einrühren und mit Brühe, Wein und Sahne aufgießen. Die Sauce 3–4 Min. bei großer Hitze einkochen lassen.

3 Dann Chicorées, den Thymian und die Hälfte der Petersilie in die Sauce geben, mit Salz und Pfeffer würzen. Chicorées ca. 40 Min. zugedeckt bei kleiner Hitze schmoren lassen, dabei die Hälften ein- bis zweimal wenden. Die fertigen Chicorées mit den Speckstreifen und der übrigen Petersilie bestreuen und mit Salzkartoffeln oder Reis servieren.

Glasiertes Möhren-Petersilienwurzel-Gemüse

ZUTATEN für 4 Personen:
400 g Petersilienwurzeln
400 g Möhren
Salz
100 ml Gemüsebrühe
2 EL Butter
1 gehäufter EL Puderzucker
Pfeffer
frisch geriebene Muskatnuss
1–2 Spritzer frisch gepresster Zitronensaft
gehackte Petersilie zum Bestreuen (nach Belieben)

ZUBEREITUNGSZEIT: 40 Min.
PRO PORTION: ca. 100 kcal

1 Petersilienwurzeln und Möhren schälen, dicke Wurzeln oder Möhren längs halbieren oder vierteln, dann in ca. 6 cm lange Stücke schneiden. Beides in einem Topf in ausreichend Salzwasser bei mittlerer Hitze zugedeckt in ca. 5 Min. etwas mehr als bissfest garen, in ein Sieb gießen.

2 Ein Drittel der Gemüsebrühe mit dem abgetropften Gemüse in eine beschichtete Pfanne geben, Butter dazugeben und alles mit Puderzucker bestäuben, salzen und pfeffern. Zugedeckt 5–8 Min. bei mittlerer Hitze garen, dabei nach und nach etwas von der restlichen Brühe dazugießen. Am Ende sollte die Brühe vollständig eingekocht und das Gemüse goldgelb karamellisiert sein. Mit Salz, Pfeffer, Muskat und Zitronensaft abschmecken. Nach Wunsch mit Petersilie bestreut servieren.

TIPP – Gemüsevarianten
Anstelle von Petersilienwurzeln eignen sich auch Pastinaken oder Schwarzwurzeln, die ebenfalls mit den Möhren vorgegart und dann glasiert werden.

Steckrübenpüree mit Apfel und Blutwurst

ZUTATEN für 4 Personen:
1,5 kg Steckrüben
800 g mehligkochende Kartoffeln
Salz
2 Zwiebeln
2 große Äpfel (z. B. Boskop)
1 EL frisch gepresster Zitronensaft
75 g Butter
½ TL getrockneter Majoran
4–6 frische Blutwürste (je ca. 120 g)
120 g Sahne
Pfeffer
frisch geriebene Muskatnuss

ZUBEREITUNGSZEIT: 50 Min.
PRO PORTION: ca. 1010 kcal

1 Die Steckrüben und Kartoffeln waschen, schälen und in 2–3 cm große Würfel schneiden. Mit ausreichend Wasser in einem Topf zum Kochen bringen, salzen und in 20–25 Min. weich garen.

2 Inzwischen die Zwiebeln schälen und in dünne Ringe schneiden. Die Äpfel schälen, vierteln und entkernen, jedes Viertel in 2–3 nicht zu dünne Spalten schneiden und sofort mit Zitronensaft mischen.

3 In einer großen beschichteten Pfanne ca. 50 g Butter schmelzen. Darin bei mittlerer Hitze in einer Pfannenhälfte die Zwiebeln mit Majoran, in der anderen Hälfte die Äpfel braten, bis beides schön bräunt – dabei die Äpfel einmal wenden, die Zwiebeln durchrühren. Gleichzeitig in einer zweiten Pfanne wenig Butter schmelzen und die Würste darin bei mittlerer Hitze rundherum braun braten. Sahne in einem kleinen Topf erhitzen.

4 Kartoffeln und Steckrüben abgießen und mit einem Kartoffelstampfer zermusen, dabei nach und nach heiße Sahne und zuletzt die übrige Butter unterrühren. Mit Salz, Pfeffer und Muskat abschmecken. Püree auf Tellern verteilen, jeweils etwas Zwiebeln und Apfelspalten darübergeben, Würste aufschneiden und dazulegen, sofort servieren.

VARIANTE – Kartoffel-Endivien-Stampf
1 kg mehligkochende Kartoffeln waschen, schälen und in 2–3 cm große Würfel schneiden. In ausreichend Salzwasser in 20–25 Min. bei mittlerer Hitze weich garen. Inzwischen 1 kleinen Endiviensalat (ca. 500 g) waschen, trocken schütteln und putzen (sehr grobe Stiele wegschneiden). Die Blätter in ca. 2 cm breite Streifen schneiden. 180 g durchwachsenen Räucherspeck klein würfeln, 200 ml Milch erhitzen. Die Kartoffeln abgießen, kurz ausdampfen lassen, dann mit einem Kartoffelstampfer nicht zu fein zermusen. Heiße Milch unterrühren und den Stampf mit Salz, Pfeffer und frisch geriebener Muskatnuss würzen, zugedeckt warm halten. 3 EL Butter in einer Pfanne schmelzen, darin Speck bei mittlerer Hitze knusprig braun braten. Den Endiviensalat dazugeben und kurz in der Pfanne schwenken, sodass er nur ganz leicht zusammenfällt, dann samt Bratfett und Speck unter den Kartoffelstampf heben. Sofort servieren.

Geschmorter Wirsing auf Pilz-Paprika-Rahm

ZUTATEN für 4 Personen:
1 Wirsing (ca. 1 kg)
2 kleine Zwiebeln
1 große Möhre
1 Stück Lauch (ca. 60 g)
250 g große braune Champignons
200 g Crème fraîche
350 ml Gemüsebrühe
2 EL Butter
Salz | Pfeffer
¼ TL frisch geriebene Muskatnuss
1 TL getrockneter Oregano
2 TL edelsüßes Paprikapulver
1–2 Msp. Chilipulver

ZUBEREITUNGSZEIT: 25 Min.
GARZEIT: 1 Std. 15 Min.
PRO PORTION: ca. 305 kcal

1 Wirsing waschen, äußere welke Blätter wegschneiden – man braucht idealerweise einen schönen kompakten Kopf. Den Kohlkopf längs achteln. Zwiebeln schälen und fein würfeln. Die Möhre schälen, den Lauch putzen und waschen, beides in möglichst kleine Würfel oder Stücke schneiden. Die Champignons sauber abreiben, putzen und vierteln. 100 g Crème fraîche mit 150 ml Brühe verrühren und beiseitestellen.

2 Den Backofen auf 180° vorheizen. Butter in einem großen, möglichst flachen Bräter schmelzen, darin die Zwiebeln goldgelb andünsten. Möhre und Lauch dazugeben und unter Rühren 2–3 Min. mitdünsten, dann die Champignons dazugeben und 1–2 Min. mitdünsten. Mit Salz, Pfeffer, Muskat, Oregano, Paprika- und Chilipulver würzen. Die Gewürze kurz anschwitzen, dann restliche Crème fraîche und übrige Brühe gut unterrühren. Bräter vom Herd nehmen und die Kohlachtel auf dem Gemüse verteilen, kräftig mit Salz und Pfeffer würzen. Bräter mit dem Deckel verschließen, den Wirsing im Ofen (Mitte, Umluft 160°) ca. 45 Min. garen.

3 Bräter aus dem Ofen nehmen, Wirsingachtel wenden und mit der Crème-fraîche-Brühe-Mischung übergießen. Bräter wieder verschließen und im Ofen weitere 30 Min. garen. Den geschmorten Wirsing am besten direkt im Bräter auf den Tisch bringen. Dazu passen rohe Klöße (siehe Seite 189) oder Frischkäse-Lauch-Nocken (siehe Seite 221).

UNBEDINGT PROBIEREN – würzige Alternative mit Wurst
Wer nicht fleischlos essen möchte: Der Wirsing schmeckt auch prima, wenn man anstelle der Pilze zusätzlich noch 1 ganze Stange Lauch und 2 Möhren vorbereitet und 250 g in kleine Würfel geschnittene Chorizo (spanische Paprikawurst) mit dem Gemüse andünstet. Chorizo kann unterschiedlich scharf gewürzt sein – daher je nach Sorte das Gericht mehr oder weniger großzügig mit Paprika und Chili abschmecken.

Lauchrisotto mit Gorgonzola

ZUTATEN für 4 Personen:
4 Stangen Lauch
1 Schalotte
1 Knoblauchzehe
50 g Butter
250 g Risotto-Reis (z. B. Arborio)
150 ml Weißwein (ersatzweise Hühner- oder Gemüsebrühe und 1–2 TL frisch gepresster Zitronensaft)
700 ml Hühner- oder Gemüsebrühe
100 g Gorgonzola
2 EL Sahne
Salz | Pfeffer
frisch geriebene Muskatnuss

ZUBEREITUNGSZEIT: 35 Min.
PRO PORTION: ca. 485 kcal

1 Den Lauch waschen, putzen und in ca. 5 mm dicke Ringe schneiden. Schalotte und Knoblauch schälen und fein würfeln. Butter in einem Topf schmelzen, darin Schalotte und Knoblauch goldgelb andünsten. Lauch dazugeben und 1–2 Min. unter Rühren mitdünsten, dann den Reis unterrühren. Wein dazugießen und unter Rühren vollständig einkochen lassen.

2 Die Hälfte der Brühe dazugießen und den Reis bei kleiner bis mittlerer Hitze offen köcheln lassen, bis fast alle Flüssigkeit aufgesogen ist. Nun nach und nach die übrige Brühe immer wieder schöpfkellenweise dazugeben und einkochen lassen, bis die Reiskörner bissfest sind und der Risotto sämig ist. Inzwischen den Gorgonzola in Stückchen schneiden.

3 Den Käse mit der Sahne unter den Risotto rühren. Mit Salz, reichlich Pfeffer und Muskat abschmecken und sofort servieren.

AUCH FEIN – Aromavariante
Wer keinen Gorgonzola mag, kann zum Schluss 80 g frisch geriebenen kräftigen Bergkäse mit 1–2 EL Butter (nach Belieben) unterrühren.

Pasta mit gebratenem Radicchio

ZUTATEN für 4 Personen:
500 g kurze Nudeln (z. B. Penne oder Casarecce) | Salz
120 g dicke Scheiben Pancetta (italienischer, luftgetrockneter, gewürzter Schweinebauch; ersatzweise Räucherspeck)
450 g Radicchio (am besten Radicchio di Treviso)
1 Knoblauchzehe
Pfeffer (aus der Mühle)
2 EL Weißweinessig
3–4 EL frisch geriebener Parmesan
Olivenöl zum Braten

ZUBEREITUNGSZEIT: 20 Min.
PRO PORTION: ca. 755 kcal

1 Die Nudeln in einem großen Topf mit reichlich kochendem Salzwasser nach Packungsangabe bissfest garen, anschließend in ein Sieb gießen und abtropfen lassen, etwas von dem Kochwasser auffangen.

2 Währenddessen die Pancettascheiben halbieren und die Hälften quer in feine Streifen schneiden. Radicchio in einzelne Blätter zerteilen, waschen, trocken schleudern und in ca. 1 cm breite Streifen schneiden. Knoblauch schälen und in dünne Scheiben schneiden.

3 So viel Öl in einer großen beschichteten Pfanne erhitzen, dass der Boden ganz knapp bedeckt ist. Darin Knoblauch und Pancetta unter Rühren bei mittlerer Hitze braten, bis der Pancetta bräunt. Radicchio dazugeben, leicht salzen, pfeffern und unter Rühren in 2–3 Min. zusammenfallen lassen. Mit dem Weißweinessig ablöschen und 1 Min. weiterbraten, dann die Nudeln und 2–4 EL Kochwasser unterrühren und heiß werden lassen. Mit Salz abschmecken, auf tiefen Tellern verteilen, mit dem Parmesan bestreuen und mit Pfeffer übermahlen. Servieren.

Kürbis-Steckrüben-Curry mit Würzfladenbrot

ZUTATEN für 4 Personen:

Für das Curry:
300 g Steckrüben
500 g Kürbis (z. B. Muskatkürbis, geputzt ca. 400 g)
2 Zwiebeln
1 Knoblauchzehe
1 Stück Ingwer (6–8 cm)
2 EL Butterschmalz oder 3 EL Sonnenblumenöl
3/4 TL Kurkumapulver
1/3–1/2 TL Chilipulver
2 TL Garam Masala (indische Gewürzmischung aus dem Asienladen)
1 Dose stückige Tomaten (400 g)
250 g Naturjoghurt (mindestens 3,8 % Fettgehalt)
Salz
1 Dose Kichererbsen (400 g)
1/2 Bund Koriandergrün

Für das Brot:
1/2 türkisches Fladenbrot
1/2 Knoblauchzehe
3 EL Butter
1/2 TL gemahlener Kreuzkümmel
1 Prise Chilipulver
Salz

ZUBEREITUNGSZEIT: 1 Std. 15 Min.
PRO PORTION: ca. 450 kcal

1 Für das Curry die Steckrüben schälen und in ca. 1,5 cm große Würfel schneiden. Vom Kürbis Schale, Kerne und faseriges Inneres wegschneiden, das Kürbisfleisch in ca. 2,5 cm große Würfel schneiden. Zwiebeln, Knoblauch und Ingwer schälen und getrennt fein würfeln.

2 Butterschmalz oder Öl in einem großen Topf erhitzen. Darin bei kleiner Hitze die Zwiebeln langsam goldgelb dünsten. Den Knoblauch und Ingwer dazugeben und 2–3 Min. mitdünsten. Kurkuma- und Chilipulver darüberstreuen und 1 Min. unter Rühren mitdünsten. Garam Masala und Tomaten untermischen und alles bei großer Hitze 3–4 Min. unter Rühren kochen lassen, es sollte möglichst viel Flüssigkeit verdunsten.

3 Topf vom Herd nehmen, die Hälfte des Joghurts unter die Tomaten-Zwiebel-Mischung rühren. Steckrüben und 100 ml Wasser unterrühren und kräftig salzen. Bei kleiner Hitze ca. 10 Min. zugedeckt köcheln lassen, dann Kürbis unterrühren und alles 20–30 Min. weitergaren, dabei ab und zu vorsichtig umrühren, eventuell wenig Wasser nachgießen. Kichererbsen in ein Sieb gießen und abbrausen, 5 Min. vor Garzeitende unter das Curry heben und heiß werden lassen.

4 Inzwischen für das Brot den Backofen auf 200° (Umluft 180°) vorheizen. Das Fladenbrot in 4 cm breite Streifen schneiden, diese aufschneiden. Den Knoblauch schälen, Butter in einer kleinen Pfanne schmelzen, Knoblauch hineinpressen und unter Rühren 2 Min. anbraten. Vom Herd nehmen, Kreuzkümmel und Chilipulver unterrühren. Die Schnittflächen des Brotes damit bestreichen, leicht salzen. Das Brot auf einen Backrost legen und im Ofen (Mitte) in 5–8 Min. goldgelb und knusprig rösten.

5 Das Koriandergrün abbrausen, trocken schütteln und mit den Stängeln fein schneiden. Restlichen Joghurt glatt rühren. Das Kürbis-Steckrüben-Curry auf tiefen Tellern verteilen, jeweils etwas Joghurt daraufgeben und mit Koriandergrün bestreuen. Das warme Brot dazu servieren (das Curry schmeckt aber auch mit Reis oder Couscous).

Sauerkrautauflauf mit Kassler

ZUTATEN für 4–6 Personen:
1 kg festkochende Kartoffeln
Salz | 2 Zwiebeln
1 TL Kümmelsamen
2 EL Schweineschmalz
750 g Sauerkraut (frisch oder aus der Dose)
½ TL Chilipulver | 1–2 TL Zucker
300 g gegartes Kassler (ohne Knochen)
2 Kabanossi (je ca. 250 g)
Pfeffer | 200 g Crème fraîche
150 g Frühstücksspeck (in dünnen Scheiben, Bacon)
Butter für die Form

ZUBEREITUNGSZEIT: 25 Min.
GARZEIT: 1 Std. 30 Min.
PRO PORTION (bei 6 Personen): ca. 830 kcal

1 Die Kartoffeln waschen, schälen und in ca. 5 mm dünne Scheiben schneiden. In einem Topf in ausreichend Salzwasser 3–4 Min. bei großer Hitze sprudelnd kochen lassen, dann in ein Sieb gießen.

2 Inzwischen die Zwiebeln schälen und fein würfeln, den Kümmel grob hacken. Das Schmalz in einem Topf schmelzen, darin die Zwiebeln goldgelb andünsten. Sauerkraut leicht ausdrücken, dazugeben, mit Kümmel, Chili und Zucker würzen, unter Rühren 1–2 Min. dünsten. Kassler klein würfeln, Kabanossi in Scheiben schneiden, beides mit dem Kraut mischen.

3 Den Backofen auf 180° vorheizen, eine große Auflaufform mit Butter einfetten. Form dünn mit Kartoffeln auslegen, leicht salzen und pfeffern, die Hälfte des Krauts darauf verteilen. So weiter einschichten, bis alle Zutaten aufgebraucht sind, mit Kartoffeln enden. Die Form mit Backpapier abdecken und den Auflauf im Ofen (unten, Umluft 160°) ca. 50 Min. garen. Herausnehmen, Papier entfernen, Crème fraîche auf dem Auflauf verteilen und mit Speckscheiben belegen. Im Ofen weitere 35–40 Min. garen.

Sellerie-Kartoffel-Gratin mit Äpfeln

ZUTATEN für 4 Personen:
750 g mehligkochende Kartoffeln
500 g Knollensellerie
2 Äpfel (z. B. Boskop)
4 Zweige Thymian
300 g Sahne
200 ml Milch
1 Knoblauchzehe
Salz | Pfeffer
frisch geriebene Muskatnuss
100 g frisch geriebener Appenzeller
Butter für die Form

ZUBEREITUNGSZEIT: 25 Min.
GARZEIT: 35 Min.
PRO PORTION: ca. 510 kcal

1 Die Kartoffeln waschen und schälen. Den Sellerie schälen und in Stücke schneiden, die so groß wie die Kartoffeln sind. Beides in ca. 3 mm dünne Scheiben schneiden oder hobeln. Äpfel waschen, vierteln und entkernen, die Viertel quer in ca. 5 mm dünne Scheiben schneiden. Den Thymian abbrausen und trocken schütteln, die Blättchen abzupfen und grob hacken.

2 Den Backofen auf 200° vorheizen, eine große Gratinform mit Butter einfetten. Sahne und Milch in einen großen Topf gießen, den Knoblauch schälen und dazupressen. Alles aufkochen und 2–3 Min. offen bei kleiner Hitze köcheln lassen. Kräftig mit Salz, Pfeffer und Muskat würzen.

3 Kartoffeln, Sellerie, Äpfel und Thymian mit in den Topf geben und alles gut mischen, anschließend in die Gratinform gießen. Mit Käse bestreuen und das Gratin im Ofen (Mitte, Umluft 180°) in ca. 35 Min. goldbraun backen. Prima dazu: Feldsalat.

Winterliches Ofengemüse

ZUTATEN für 4–6 Personen:
500 g Kürbis (z. B. Moschuskürbis, geputzt ca. 400 g)
3 Rote Beten (je ca. 150 g)
250 g Pastinaken
250 g Petersilienwurzeln
250 g Möhren
2 Stangen Lauch
2 Gemüsezwiebeln
2–3 Knoblauchzehen
8 Zweige Thymian
2 Zweige Rosmarin
1 getrocknete Chilischote
1 EL Korianderkörner
6 EL Olivenöl
Salz | Pfeffer
100 ml Weißwein (ersatzweise frisch gepresster Orangensaft)
100–150 ml Gemüsebrühe

ZUBEREITUNG: 25 Min.
GARZEIT: 1 Std. 5 Min.
PRO PORTION (bei 6 Personen): ca. 235 kcal

1 Den Backofen auf 200° vorheizen. Vom Kürbis faseriges Inneres samt Kernen und die Schale wegschneiden. Rote Beten, Pastinaken, Petersilienwurzeln und Möhren schälen (bei den Roten Beten am besten Einweghandschuhe tragen, da sie stark färben). Kürbis in 4–5 cm große Stücke schneiden, Rote Beten achteln. Pastinaken, Petersilienwurzeln und Möhren je nach Dicke längs halbieren oder ganz lassen und in 4–5 cm lange Stücke schneiden. Den Lauch längs einschneiden, waschen, putzen und in 4 cm dicke Ringe schneiden.

2 Zwiebeln schälen, halbieren und in ca. 2 cm breite Spalten schneiden. Knoblauch schälen und in feine Scheiben schneiden. Kräuterzweige abbrausen, trocken schütteln und in Stücke schneiden. Die Chilischote und den Koriander in einem Mörser grob zerstoßen.

3 Gemüse und Zwiebeln auf ein tiefes Backblech geben und mit Öl, Knoblauch, Kräutern, Chili und Koriander mischen, kräftig mit Salz und Pfeffer würzen. Im Ofen (Mitte, Umluft 180°) 10–15 Min. garen. Dann Wein und 100 ml Brühe angießen, alles einmal durchrühren und mit Backpapier gut abdecken, weitere 30 Min. garen. Papier abnehmen, Gemüse nochmals durchrühren und offen in weiteren 10–20 Min. bräunen lassen, dabei eventuell noch ein wenig Brühe angießen. Das Ofengemüse schmeckt mit Brot und eventuell Schafskäse oder als Beilage etwa zu Polenta (siehe Seite 191) oder den Speck-Raclette-Kartoffeln (siehe unten).

Speck-Raclette-Kartoffeln aus dem Ofen

ZUTATEN für 4 Personen:
12 nicht zu große festkochende Kartoffeln
Salz
150 g Raclettekäse (in dicken Scheiben)
12 Scheiben Tiroler Speck
12 Zweige Thymian
Pfeffer

ZUBEREITUNGSZEIT: 35 Min.
GARZEIT: 15 Min.
PRO PORTION: ca. 410 kcal

1 Die Kartoffeln waschen und in ausreichend Salzwasser in 15–20 Min. gar kochen, dann abgießen, kurz ausdampfen lassen und pellen.

2 Inzwischen Backofen auf 200° (Umluft 180°) vorheizen, ein Backblech mit Backpapier auslegen. Käse in etwa der Größe der Kartoffeln zurechtschneiden. Speck auf der Arbeitsfläche auslegen. Thymian abbrausen und trocken schütteln, Blättchen abzupfen und auf den Speck streuen.

3 Kartoffeln vorsichtig der Länge nach halbieren, innen pfeffern, den Käse einlegen und die Kartoffelhälften wieder zusammenklappen. Je 1 Kartoffel auf das Ende 1 Speckscheibe legen und fest darin einrollen. Mit der Nahtseite nach unten aufs Blech legen und im Ofen (Mitte) ca. 15 Min. backen, bis der Speck knusprig braun ist.

In der warmen Stube

Deftiger Erbseneintopf

ZUTATEN für 4 Personen:
1 dick geschnittenes Schweinekotelett (ca. 350 g)
250 g durchwachsener Räucherspeck (am Stück)
350 g gelbe Schälerbsen
1 Zwiebel
1 Knoblauchzehe
2 Möhren
250 g Petersilienwurzeln
1 Stange Lauch
2 festkochende Kartoffeln
Salz | Pfeffer
¼ TL gemahlenes Piment
½ Bund Majoran

ZUBEREITUNGSZEIT:
1 Std. 50 Min.
PRO PORTION: ca. 895 kcal

1 Das Kotelett abbrausen und mit dem Speck (eventuell längs halbieren), den Erbsen und 1,5 l Wasser in einen Topf geben und aufkochen. Dann bei mittlerer Hitze ca. 1 Std. kochen lassen, dabei immer wieder – besonders zu Beginn – den aufsteigenden Schaum mit einem Löffel abschöpfen. Zwiebel und Knoblauch schälen, fein würfeln, nach 30 Min. Garzeit unterrühren.

2 Während die Erbsen kochen, Möhren und Petersilienwurzeln schälen, Lauch waschen und putzen, alles in dünne Scheiben bzw. Ringe schneiden. Kartoffeln waschen, schälen und in 2,5 cm große Würfel schneiden. Alles nach 1 Std. Garzeit in den Eintopf geben, mit Salz, Pfeffer und dem Piment würzen und zugedeckt weitere 30 Min. garen.

3 Speck und Kotelett aus dem Topf heben. Den Speck in kleine Stücke schneiden, das Kotelettfleisch vom Knochen schneiden und klein würfeln. Speck und Fleisch wieder in den Eintopf geben. Den Majoran abbrausen, trocken schütteln und klein schneiden. Den fertigen Eintopf mit Salz und Pfeffer abschmecken, den Majoran unterrühren. Mit Bauernbrot servieren.

VARIANTE – Linseneintopf

Dafür 100 g klein gewürfelten Räucherspeck in 1 EL Sonnenblumenöl goldbraun braten. 2 klein gewürfelte Zwiebeln dazugeben und kurz mitbraten, anschließend jeweils 120 g Möhren und Knollensellerie in kleinen Würfeln und 1 Stange Lauch in dünnen Ringen dazugeben und kurz mitbraten. 250 g braune Linsen, 1 l Gemüsebrühe und 250 g klein gewürfelte festkochende Kartoffeln dazugeben. Alles bei kleiner Hitze ca. 1 Std. zugedeckt köcheln lassen. Gegen Garzeitende mit Salz, Pfeffer und 3–4 EL Rotweinessig würzen. Wer möchte, kann zum Schluss auch noch 4 Wiener Würstchen in dem Linseneintopf heiß werden lassen.

Feine Hühnersuppe mit Nudeln

ZUTATEN für 4 Personen:
1 Suppenhuhn (ca. 1,5 kg, eventuell vom Metzger halbieren lassen)
1 Lorbeerblatt
1 TL weiße Pfefferkörner
2 Möhren
1 Stück Knollensellerie (ca. 150 g)
1 Stück Lauch (ca. 150 g)
1 Zwiebel
3 Nelken
5 Stängel Petersilie
Salz | Pfeffer
frisch geriebene Muskatnuss
200 g Suppennudeln
½ Bund Schnittlauch (nach Belieben)

ZUBEREITUNGSZEIT: 1 Std.
GARZEIT: 2 Std. 30 Min.
PRO PORTION: ca. 930 kcal

1 Das Suppenhuhn innen und außen gründlich abbrausen. Mit reichlich Wasser – es sollte gut bedeckt sein – in einen Suppentopf geben. Bei großer Hitze aufkochen, 2–3 Min. kochen lassen, dann abgießen. Das Huhn abbrausen, den Topf auswaschen. Das Huhn mit 2 l Wasser in den Topf geben und wieder aufkochen lassen. Anschließend bei kleiner Hitze 1 Std. zugedeckt köcheln lassen, dabei während der ersten 20 Min. ab und zu den Schaum, der an die Oberfläche steigt, sehr gut abschöpfen (sonst wird die Brühe trübe), dann Lorbeerblatt und Pfefferkörner dazugeben.

2 Möhren und Sellerie schälen, den Lauch waschen und putzen, das Gemüse in grobe Stücke schneiden. Die Zwiebel schälen und quer halbieren, die Hälften mit den Nelken spicken. Petersilie abbrausen. Alles zum Huhn geben und 1 Std.–1 Std. 30 Min. bei kleiner Hitze weiterköcheln lassen – das Gemüse sollte gar, aber nicht zerkocht sein, und die Hühnerhaut sollte sich ganz leicht von dem Fleisch lösen lassen. Etwa 10 Min. vor Garzeitende die Brühe mit Salz, Pfeffer und Muskat würzen.

3 Das Huhn aus dem Topf heben und etwas abkühlen lassen, die Brühe durch ein Sieb in einen zweiten Topf gießen. Sellerie und Möhren aus dem Sieb nehmen und in dünne Scheiben schneiden. Nudeln in reichlich Salzwasser nach Packungsangabe garen, in ein Sieb gießen und abtropfen lassen. Nach Belieben Schnittlauch abbrausen, trocken schütteln und in Röllchen schneiden. Von dem Huhn die Haut abziehen, das Fleisch von den Knochen lösen und in mundgerechte Stücke schneiden.

4 Eventuell mit einem großen Löffel Fett von der Brühenoberfläche abschöpfen oder die Brühe in eine Fettkanne geben und das Fett abgießen. Hühnerbrühe nochmals erhitzen. Gemüse, Fleisch und Nudeln dazugeben und heiß werden lassen. Suppe nach Wunsch vor dem Servieren mit Schnittlauch bestreuen.

Hühnereintopf mit Graupen und Backpflaumen

ZUTATEN für 4 Personen:
1 Rezept Hühnerbrühe mit Hühnerfleisch (siehe links)
150 g Perlgraupen | Salz
400 g dünne Möhren
200 g dünne Pastinaken
1 Stück Meerrettich (ca. 50 g)
3 Stängel Liebstöckel
120 g getrocknete (Soft-) Pflaumen
Pfeffer
frisch geriebene Muskatnuss
1–2 Spritzer frisch gepresster Zitronensaft

ZUBEREITUNGSZEIT: 30 Min. (+ Hühnerbrühe kochen)
PRO PORTION: ca. 980 kcal

1 Die Brühe wie links beschrieben zubereiten, abgießen und entfetten. Huhn häuten, Fleisch ablösen und in Stücke schneiden. (Kann eventuell auch schon am Vortag gemacht werden.)

2 Währenddessen die Graupen nach Packungsangabe 40–50 Min. in Salzwasser garen, in ein Sieb gießen und abtropfen lassen. Die Möhren und Pastinaken schälen (dicke Wurzeln eventuell längs halbieren) und in dünne Scheiben schneiden.

3 Hühnerbrühe zum Kochen bringen, Möhren und Pastinaken darin zugedeckt bei mittlerer Hitze 15–20 Min. garen. Inzwischen Meerrettich schälen und auf einer Rohkostreibe fein reiben. Den Liebstöckel abbrausen und trocken schütteln, Blättchen abzupfen und in feine Streifen schneiden.

4 Graupen, Hühnerfleisch und Pflaumen in den Eintopf geben und heiß werden lassen. Mit Salz, Pfeffer, Muskat und Zitronensaft abschmecken, mit Liebstöckel und Meerrettich bestreuen und sofort servieren.

Deftiger Hühnereintopf mit Wintergemüse

ZUTATEN für 4 Personen:
1 Rezept Hühnerbrühe mit Hühnerfleisch (siehe links)
3 festkochende Kartoffeln
je 150 g Lauch, Möhren, Schwarzwurzeln und Petersilienwurzeln
500 g Rosenkohl
1 Zwiebel | 1 Knoblauchzehe
½ Bund Schnittlauch
2 EL Butter
Salz | Pfeffer | Chilipulver
1 ½ EL körniger Senf

ZUBEREITUNGSZEIT: 40 Min. (+ Hühnerbrühe kochen)
PRO PORTION: ca. 895 kcal

1 Die Brühe wie links beschrieben zubereiten, abgießen und entfetten. Huhn häuten, Fleisch ablösen und in Stücke schneiden. (Kann eventuell auch schon am Vortag gemacht werden.)

2 Währenddessen Kartoffeln waschen, schälen und 1,5 cm groß würfeln. Lauch waschen, putzen und in 1 cm dicke Ringe schneiden. Wurzelgemüse schälen und in 1,5 cm große Würfel schneiden. Rosenkohl waschen, putzen und längs halbieren. Zwiebel und Knoblauch schälen und fein würfeln. Den Schnittlauch abbrausen, trocken schütteln und in Röllchen schneiden.

3 Die Butter in einem Topf schmelzen, darin Zwiebel und Knoblauch goldgelb andünsten. Kartoffeln und Gemüse dazugeben und unter Rühren 1–2 Min. mitdünsten, die Hühnerbrühe dazugießen und alles 25–30 Min. garen. Den Eintopf mit Salz, Pfeffer, Chili und Senf abschmecken, Hühnerfleisch unterrühren und heiß werden lassen. Den Eintopf mit Schnittlauch bestreuen und servieren.

Lamm-Bohnen-Eintopf mit Nusspesto

ZUTATEN für 4 Personen:

Für den Eintopf:
250 g getrocknete, kleine weiße Bohnen
2 Knoblauchzehen
2 Zwiebeln
6 Zweige Thymian
100 g durchwachsener Räucherspeck
2 Lorbeerblätter
Salz | Pfeffer
500 g Lammfleisch (aus der Schulter)
2 große, dicke Möhren
1 Stück Knollensellerie (ca. 100 g)
1 EL Tomatenmark
⅛ l Weißwein (ersatzweise Lammfond)
400 ml Lammfond (aus dem Glas)
400 g festkochende Kartoffeln
Olivenöl zum Braten

Für das Pesto:
3 EL gemahlene Haselnüsse
6 Stängel Petersilie
½ Bio-Zitrone
8 EL Olivenöl
Salz | Pfeffer

ZUBEREITUNGSZEIT: 2 Std. 15 Min.
EINWEICHZEIT: 12 Std.
PRO PORTION: ca. 485 kcal

1 Für den Eintopf die Bohnen in reichlich kaltem Wasser 12 Std. – am besten über Nacht – einweichen. Am nächsten Tag den Knoblauch und die Zwiebeln schälen. 1 Knoblauchzehe halbieren, die Zwiebeln fein würfeln. Den Thymian abbrausen.

2 Die Bohnen in ein Sieb gießen, mit ca. 1,5 l frischem Wasser in einen Topf geben und aufkochen. Halbierte Knoblauchzehe, etwa ein Drittel der Zwiebeln, Speck, 1 Lorbeerblatt und 2 Thymianzweige dazugeben und alles bei mittlerer Hitze 1 Std. 15 Min. zugedeckt kochen lassen, bis die Bohnen gar, aber nicht zu weich sind, kurz vor Garzeitende salzen und pfeffern.

3 Inzwischen von dem Lammfleisch Fett und Sehnen wegschneiden und das Fleisch 3 cm groß würfeln. Möhren und Sellerie schälen und in 1 cm große Würfel schneiden. Übrige Knoblauchzehe in feine Würfel schneiden.

4 So viel Öl in einem Topf erhitzen, dass der Boden ganz knapp bedeckt ist. Darin das Fleisch rundherum bei großer Hitze anbraten, salzen und pfeffern, herausnehmen. Im Bratensatz (eventuell noch ein wenig Öl dazugeben), übrige Zwiebeln und Knoblauch goldgelb anbraten. Die Gemüsewürfel dazugeben und unter Rühren 2–3 Min. mitbraten. Tomatenmark unterrühren und kurz mitrösten. Mit etwas Wein ablöschen und einkochen lassen, dann restlichen Wein und Fond dazugießen, übriges Lorbeerblatt, restliche Thymianzweige und das Fleisch unterrühren, salzen, pfeffern und 1 Std. bei kleiner Hitze zugedeckt köcheln lassen.

5 Inzwischen Kartoffeln waschen, schälen und in 2–3 cm große Würfel schneiden. Bohnen in ein Sieb gießen, dabei das Kochwasser auffangen. Speck, Thymian und Lorbeerblatt herausnehmen und wegwerfen. Bohnen, Kartoffeln und 450 ml Bohnenkochwasser zum Lammfleisch geben und alles zugedeckt weitere 30–45 Min. garen.

6 Währenddessen für das Pesto Nüsse in einer Pfanne ohne Fett unter Rühren rösten, bis sie duften, herausnehmen, abkühlen lassen. Petersilie abbrausen, trocken schütteln und grob schneiden. Zitrone heiß waschen und abtrocknen, Schale fein abreiben, Saft auspressen. Zitronenschale, Nüsse, Petersilie, Öl und 2–3 EL Wasser im elektrischen Blitzhacker oder mit einem Pürierstab fein zerkleinern. Mit Salz, Pfeffer und Zitronensaft abschmecken. Eintopf in tiefen Tellern verteilen, Pesto darüberträufeln.

Kartoffel-Wurst-Auflauf mit Apfelkompott

ZUTATEN für 8 Personen:

Für den Auflauf:
3,5 kg festkochende Kartoffeln
1,2 kg Zwiebeln
500 g durchwachsener Räucherspeck
3–4 geräucherte Würste (ca. 600 g, z. B. Mettenden oder Kabanossi)
3 Eier (M)
Salz | Pfeffer
frisch geriebene Muskatnuss
2 TL getrockneter Majoran
Sonnenblumenöl für den Bräter

Für das Apfelkompott:
1,2 kg Äpfel (z. B. Boskop)
3–4 EL frisch gepresster Zitronensaft
80 g Zucker
2 EL Butter
180 ml Apfelsaft
1 Zimtstange
frisch geriebene Muskatnuss

ZUBEREITUNGSZEIT: 50 Min.
GARZEIT: 2 Std. 35 Min.
PRO PORTION: ca. 1150 kcal

1 Für den Auflauf die Kartoffeln und die Zwiebeln schälen. Beides mit der Küchenmaschine (notfalls auch mit einer Rohkostreibe) fein reiben. Beides zusammen in ein großes Sieb geben und über eine Schüssel hängen, 30 Min. abtropfen lassen und dabei die ablaufende Flüssigkeit auffangen. Inzwischen den Speck in ca. 1 cm breite Streifen und die Würste in ca. 1 cm dicke Stücke schneiden.

2 Die aufgefangene Kartoffelflüssigkeit vorsichtig abgießen, sodass die Stärke, die sich am Boden abgesetzt hat, in der Schüssel bleibt. Kartoffeln, Zwiebeln und die Eier zur Stärke geben, kräftig mit Salz, Pfeffer, Muskat und Majoran würzen und alles gründlich vermengen.

3 Den Backofen auf 180° vorheizen, einen Bräter (gut 4 l Inhalt) mit Öl einpinseln. Etwas Speck auf den Boden des Bräters streuen. Darauf etwa ein Drittel der Kartoffelmasse geben, darauf die Hälfte der Würste und des übrigen Specks streuen. Wieder ein Drittel Kartoffelmasse daraufgeben und übrigen Speck und restliche Würste daraufstreuen. Zum Schluss mit dem letzten Drittel der Kartoffelmasse abschließen. Leicht festdrücken, mit 4–5 EL Öl bepinseln. Deckel auf den Bräter legen und den Auflauf im Ofen (Mitte, Umluft nicht empfehlenswert) ca. 2 Std. 15 Min. garen. Dann den Deckel abnehmen, den Auflauf eventuell nochmals mit etwas Öl bepinseln und ca. 20 Min. offen backen, bis er schön gebräunt und knusprig ist.

4 Während der Auflauf im Ofen gart, für das Kompott die Äpfel schälen, vierteln und entkernen. Die Viertel in nicht zu kleine Stücke schneiden und sofort mit dem Zitronensaft mischen, damit sie nicht braun werden.

5 Zucker und Butter in einen Topf geben und bei mittlerer Hitze goldbraun karamellisieren lassen. Vorsichtig den Apfelsaft dazugießen (es kann spritzen!). Äpfel und Zimtstange dazugeben und zugedeckt in 15–20 Min. nicht zu musig zerkochen. Den Deckel abnehmen und die Äpfel offen noch 5–10 Min. kochen lassen. Mit wenig Muskat abschmecken und abkühlen lassen. Den fertigen Auflauf mit dem Apfelkompott servieren.

Radicchio-Walnuss-Crostini

ZUTATEN für 12 Stück:
1 kleiner Radicchio (ca. 180 g)
½ Knoblauchzehe
2 EL Olivenöl
Salz | Pfeffer
1 EL Weißweinessig
40 g Walnusskerne
180 g Fontina (italienischer Hartkäse aus dem Aostatal)
12 Scheiben Baguette

ZUBEREITUNGSZEIT: 25 Min.
BACKZEIT: 10 Min.
PRO STÜCK: ca. 200 kcal

1 Den Backofen auf 220° (Umluft 200°) vorheizen, ein Backblech mit Backpapier auslegen. Radicchio waschen und äußere unschöne Blätter entfernen. Den Salatkopf längs halbieren und die Hälften so in 6 gleich große Spalten schneiden, dass sie am Strunk noch zusammenhalten. Den Knoblauch schälen und in feine Würfel schneiden.

2 Olivenöl in einer beschichteten Pfanne erhitzen. Darin die Radicchiospalten auf einer Seite bei großer Hitze anbraten, den Knoblauch dazugeben, salzen, pfeffern. Radicchio wenden und die andere Seite ebenfalls anbraten, bis die Salatblätter leicht zusammengefallen sind. Weißweinessig in die Pfanne träufeln und den Radicchio darin schwenken, Essig einkochen lassen. Vom Herd nehmen und leicht abkühlen lassen.

3 Inzwischen die Walnüsse grob hacken. Den Käse in schmale Stücke auf Größe der Baguettescheiben zurechtschneiden.

4 Jede Baguettescheibe mit 1 Radicchiospalte belegen, mit Walnüssen bestreuen und mit Käse bedecken. Brote aufs Blech setzen und im Ofen (Mitte) 8–10 Min. überbacken, bis der Käse schön zerlaufen ist. Dann die Crostini pfeffern und servieren.

Lauch-Kaminwurzen-Crostini

ZUTATEN für 12 Stück:
1 kleine Stange Lauch
1 rote Zwiebel
2 Zweige Thymian
1 ½ EL Butter
Salz | Pfeffer
frisch geriebene Muskatnuss
2 Kaminwurzen (ersatzweise Landjäger)
150 g Bergkäse
12 Scheiben Baguette

ZUBEREITUNGSZEIT: 30 Min.
BACKZEIT: 12 Min.
PRO STÜCK: ca. 180 kcal

1 Lauch längs vierteln, waschen und putzen. Die Viertel quer in 5 mm breite Stücke schneiden. Die Zwiebel schälen, längs halbieren und quer in dünne Streifen schneiden. Den Thymian abbrausen und trocken schütteln, die Blättchen abzupfen und fein hacken.

2 Butter in einer kleinen beschichteten Pfanne schmelzen. Darin Zwiebel und Lauch unter Rühren 2–3 Min. andünsten, bis beides goldgelb bräunt. Thymian unterrühren und kurz mitdünsten, dann alles mit Salz, Pfeffer und Muskat würzen, abkühlen lassen.

3 Inzwischen den Backofen auf 220° (Umluft 200°) vorheizen, ein Backblech mit Backpapier auslegen. Kaminwurzen in ca. 5 mm große Würfelchen schneiden. Den Käse entrinden und ebenfalls 5 mm groß würfeln.

4 Kaminwurzen und Käse mit dem abgekühlten Lauch-Zwiebel-Gemüse mischen, auf den Baguettescheiben verteilen und leicht festdrücken. Brote aufs Blech setzen und im Ofen (Mitte) in 10–12 Min. goldgelb überbacken. Crostini sofort servieren.

Birnen-Speck-Crostini

ZUTATEN für 12 Stück:
2 kleine Birnen (z. B. Forelle oder Williams Christ)
1–2 TL frisch gepresster Zitronensaft
3 dicke Scheiben Raclettekäse (je ca. 80 g)
12 Scheiben Baguette
12 nicht zu dünne Scheiben Tiroler Speck
Pfeffer (aus der Mühle)

ZUBEREITUNGSZEIT: 25 Min.
BACKZEIT: 10 Min.
PRO STÜCK: ca. 215 kcal

1 Den Backofen auf 220° (Umluft 200°) vorheizen, ein Backblech mit Backpapier auslegen. Die Birnen schälen und längs in 6 Spalten schneiden, dabei das Kerngehäuse entfernen. Birnenspalten sofort dünn mit Zitronensaft einreiben, damit sie nicht braun werden. Die Käsescheiben vierteln, sodass sie ungefähr die Größe der Baguettescheiben haben.

2 Jeweils 1 Scheibe Tiroler Speck um 1 Birnenspalte wickeln und auf je 1 Baguettescheibe legen, mit dem Käse bedecken. Brote aufs Blech setzen und im Ofen (Mitte) 8–10 Min. überbacken, bis der Käse schmilzt und leicht bräunt. Crostini herausnehmen, grob mit Pfeffer übermahlen und sofort servieren.

Wirsinglasagne mit Salsicce

ZUTATEN für 4 Personen:
300 g Salsicce (italienische rohe, grobe Schweinswürste; siehe auch Tipp)
1 kleiner Wirsing (ca. 750 g)
2 Zwiebeln
1 Knoblauchzehe
1 ½ TL Kapern
Salz | Pfeffer
600 ml Rinder- oder Gemüsebrühe
200 g Sahne
1 TL getrockneter Oregano
1 TL getrockneter Majoran
1–2 EL frisch gepresster Zitronensaft
12 Lasagne-Nudelblätter (ohne Vorkochen)
100 g frisch geriebener Allgäuer Emmentaler
Olivenöl zum Braten
Butter für die Form

ZUBEREITUNGSZEIT: 40 Min.
GARZEIT: 40 Min.
PRO PORTION: ca. 760 kcal

1 Die Haut der Würste aufschneiden und das Wurstbrät herauslösen. Von dem Wirsing den Strunk wegschneiden. Äußere dicke Blätter abschneiden, waschen und die dicken mittleren Blattrippen herausschneiden. Die Blätter in ca. 1 cm breite Streifen schneiden. Den inneren zarten Kohlkopf längs vierteln und quer in ca. 1,5 cm breite Streifen schneiden. Zwiebeln und Knoblauch schälen und getrennt fein würfeln. Kapern fein hacken.

2 In einer großen beschichteten Pfanne 1–2 EL Öl erhitzen, darin die Hälfte der Zwiebeln goldgelb andünsten. Wurstbrät dazugeben und bei großer Hitze anbraten, dabei das Brät mit einem Holzlöffel in Stückchen zerteilen und krümelig braun braten. Salsicce aus der Pfanne nehmen.

3 Im Bratfett (eventuell noch etwas Öl dazugeben) übrige Zwiebeln und den Knoblauch goldgelb andünsten. Wirsing unterrühren, salzen, pfeffern und unter Rühren bei mittlerer Hitze 3–4 Min. anbraten. Brühe, Sahne, Oregano und Majoran unterrühren und alles zugedeckt 5–7 Min. dünsten, bis der Wirsing nicht mehr hart ist. Kapern und Salsicce unterrühren, mit Salz, Pfeffer und Zitronensaft abschmecken.

4 Backofen auf 180° vorheizen, eine hohe Auflaufform mit Butter einfetten. Etwas Sahnebrühe von der Wirsing-Salsicce-Mischung auf dem Boden der Form verteilen, 4 Lasagneblätter darauf auslegen. Ein Drittel der Wirsingmischung mit Brühe darauf verteilen und mit 4 Lasagneblättern belegen. So fortfahren, bis alle Zutaten in der Form sind, dabei mit Wirsing abschließen.

5 Lasagne in den Ofen schieben (Mitte, Umluft 160°), mit Backpapier abdecken und 25 Min. garen. Lasagne aus dem Ofen nehmen, mit Käse bestreuen und weitere 15 Min. offen im Ofen backen, bis der Käse schön gebräunt ist. Vorm Servieren die Lasagne 5 Min. abkühlen lassen, dann am bestem mit einem Salat auf den Tisch bringen.

AUCH FEIN – statt mit Salsicce mit Hackfleisch
Wer keine Salsicce bekommt, kann stattdessen 300 g gemischtes Hackfleisch nehmen. Wie beschrieben mit den Zwiebeln krümelig anbraten, aber zusätzlich noch kräftig mit Salz, Pfeffer, Chilipulver und je ½ TL getrocknetem Majoran und Oregano würzen.

Malzbiergulasch mit Kümmel

ZUTATEN für 4 Personen:
750 g Schweinefleisch (aus der Schulter oder dem Nacken)
2 Zwiebeln
1 große Möhre
1 Stück Lauch (ca. 40 g)
1–1 ½ TL Kümmelsamen
2–3 EL Schweine- oder Butterschmalz
Salz | Pfeffer
1 ½ EL Tomatenmark
½ l Malzbier (alkoholfrei, z. B. Karamalz)
1 Lorbeerblatt
⅓ TL edelsüßes Paprikapulver
1 TL getrockneter Majoran
1 TL gekörnte Fleischbrühe
1 gestrichener TL Speisestärke
1 EL saure Sahne (nach Belieben)

ZUBEREITUNGSZEIT: 25 Min.
GARZEIT: 2 Std.
PRO PORTION: ca. 555 kcal

1 Das Fleisch in 2–3 cm große Würfel schneiden. Die Zwiebeln schälen und fein würfeln. Möhre schälen und in ca. 5 mm große Würfel schneiden. Lauch längs halbieren, waschen, putzen und in kleine Stückchen schneiden. Den Kümmel grob hacken.

2 In einem Schmortopf oder Bräter 1–2 EL Schmalz erhitzen. Darin das Fleisch bei großer Hitze rundherum hellbraun anbraten, salzen, pfeffern und herausnehmen.

3 Eventuell noch etwas Schmalz zum Bratfett geben, darin bei mittlerer Hitze die Zwiebeln goldgelb andünsten. Möhre, Lauch und Kümmel dazugeben und kurz mitdünsten. Tomatenmark dazugeben und unter Rühren anrösten. Mit wenig Malzbier ablöschen, das Bier völlig einkochen lassen, dann übriges Bier, Lorbeerblatt, Paprikapulver und Majoran einrühren und aufkochen lassen. Fleisch und Brühepulver unterrühren, nochmals salzen und pfeffern, dann alles bei mittlerer Hitze 1 Std. 30 Min. bei kleiner Hitze zugedeckt schmoren lassen.

4 Stärke in 3–4 EL kaltem Wasser anrühren und in das Gulasch rühren. Weitere 15–30 Min. köcheln lassen, bis das Fleisch weich ist. Wer möchte, mischt am Ende noch die saure Sahne unter das Gulasch.

UND DAZU – böhmische Semmelknödel
Hierfür 4 Brötchen vom Vortag (ca. 200 g) ca. 1 cm groß würfeln und in 50 g Butter goldbraun und knusprig rösten, abkühlen lassen. 1 gewürfelte Zwiebel in 2 EL Butter goldgelb andünsten, ½ Bund gehackte Petersilie unterrühren, abkühlen lassen. 100 g Mehl, 180 ml Milch und 2 Eier (M) mit einem Schneebesen zu einem glatten Teig verrühren und mit ½ TL Salz, Pfeffer und frisch geriebener Muskatnuss würzen. Brotwürfel und Zwiebelmasse untermengen und alles 30 Min. ziehen lassen. Brotmasse durchkneten, halbieren und jeweils zu einem länglichen Knödel formen (die Masse gut zusammendrücken), anschließend in wenig Speisestärke wenden. In einem großen Topf reichlich Wasser aufkochen, salzen. Darin die Knödel bei kleiner Hitze ca. 30 Min. in dem siedenden Wasser und mit halb aufgelegtem Topfdeckel garen. Herausheben, abtropfen lassen und zum Servieren in dicke Scheiben schneiden.

Tafelspitz mit Meerrettichsauce

ZUTATEN für 4 Personen:

Für den Tafelspitz:
750 g Rinderbeinscheiben
3 Rindermarkknochen (ca. 450 g)
1 Zwiebel
3 Möhren
2 Petersilienwurzeln
1 Stück Knollensellerie (ca. 80 g)
½ Stange Lauch
1 Lorbeerblatt
1 TL schwarze Pfefferkörner
5 Stängel Petersilie
Salz | Pfeffer
1,2 kg Tafelspitz

Für die Sauce:
1 Stück Meerrettich (ca. 75 g)
1 EL frisch gepresster Zitronensaft
½ Bund Schnittlauch
100 g Butter
80 ml Weißwein (ersatzweise Kochbrühe vom Tafelspitz)
3 Eigelb (M)
Salz | Pfeffer
frisch geriebene Muskatnuss

ZUBEREITUNGSZEIT: 45 Min.
GARZEIT: 5 Std.
PRO PORTION: ca. 665 kcal

1 Für den Tafelspitz die Beinscheiben und die Knochen abbrausen und in einem Topf mit so viel Wasser begießen, dass alles gut bedeckt ist. Aufkochen, dann alles in ein Sieb gießen, Knochen und Beinscheiben gut abbrausen, Topf sauber spülen. Knochen und Beinscheiben mit 2 l frischem Wasser in den Topf geben, aufkochen und bei mittlerer Hitze ca. 15 Min. kochen lassen, dabei immer wieder den aufsteigenden Schaum mit einem Löffel abnehmen, damit die Brühe nicht trüb wird.

2 Inzwischen Zwiebel waschen, quer halbieren, mit den Schnittflächen nach unten in eine kleine Pfanne legen und bei großer Hitze dunkelbraun rösten, herausnehmen. 2 Möhren und 1 Petersilienwurzel beiseitelegen, restliches Gemüse waschen und putzen oder schälen und in grobe Stücke schneiden. Geröstete Zwiebel, Gemüsestücke, Lorbeerblatt und Pfefferkörner mit in den Topf geben, alles zugedeckt 2 Std. bei kleiner Hitze sanft köcheln lassen. Dann Petersilie abbrausen, zur Brühe geben, mit Salz und Pfeffer würzen und weitere 30–45 Min. garen.

3 Beinscheiben und Knochen aus der Brühe heben, die Brühe durch ein Sieb in einen zweiten Topf gießen und aufkochen. Restliche Möhren und Petersilienwurzel schälen und in 5 mm dicke Scheiben schneiden. Tafelspitz mit den Gemüsescheiben in die Brühe geben und bei kleiner Hitze ca. 2 Std. 15 Min. zugedeckt garen.

4 Für die Sauce Meerrettich schälen und auf der Rohkostreibe fein reiben, sofort mit Zitronensaft mischen. Schnittlauch abbrausen, trocken schütteln und in Röllchen schneiden. Butter in einem kleinen Topf schmelzen und bei kleiner Hitze warm halten. Wein und Eigelbe in einer Schlagschüssel verrühren. Dann über einem heißen Wasserbad mit dem Schneebesen in 5–8 Min. cremig-dicklich aufschlagen, zum Schluss die Butter tröpfchenweise unterrühren. Meerrettich und Schnittlauch unter die Sauce mischen, mit Salz, Pfeffer und Muskat abschmecken.

5 Den fertigen Tafelspitz aus der Brühe heben und kurz ruhen lassen, dann in dünne Scheiben schneiden und in der Brühe warm halten. Zum Servieren Tafelspitzscheiben auf Teller geben und nach Belieben ein wenig Brühe, Möhren- und Petersilienwurzelscheiben darüberlöffeln. Mit der Meerrettichsauce servieren. Dazu passen Salz- oder Bratkartoffeln.

Ochsenschwanz aus dem Ofen

ZUTATEN für 4 Personen:
3 Zwiebeln
2 Knoblauchzehen
250 g Möhren
250 g Staudensellerie
1 Stange Lauch
5 Zweige Thymian
2 kg Ochsenschwanz (in möglichst dicken Stücken)
Salz | Pfeffer
2 EL Mehl
1 EL Tomatenmark
400 ml Rotwein
1 l Rinderfond (aus dem Glas)
40 g Rosinen
4 EL Aceto balsamico
1 Bund Petersilie
fein abgeriebene Schale von ½ Bio-Zitrone
Olivenöl zum Braten

ZUBEREITUNGSZEIT: 30 Min.
GARZEIT: 3 Std.
PRO PORTION: ca. 870 kcal

1 Zwiebeln und Knoblauch schälen und fein würfeln. Möhren schälen, die Selleriestangen waschen und putzen, beides in 1 cm große Würfel schneiden. Den Lauch längs vierteln, waschen, putzen und in ca. 1 cm große Stücke schneiden. Den Thymian abbrausen und trocken schütteln, die Blättchen abzupfen.

2 Den Ochsenschwanz abbrausen, trocken tupfen und äußeres Fett wegschneiden. Dann die Fleischstücke salzen, pfeffern und mit dem Mehl bestäuben, Mehl leicht festdrücken, überschüssiges Mehl abschütteln.

3 Backofen auf 180° vorheizen. So viel Öl in einem Bräter erhitzen, dass der Boden ganz knapp bedeckt ist. Darin die Ochsenschwanzstücke bei großer Hitze rundherum anbraten, anschließend aus dem Bräter nehmen.

4 Zwiebeln, Knoblauch, Möhren, Sellerie und Lauch in den Bräter geben und 2 Min. unter Rühren anbraten, salzen und pfeffern. Das Tomatenmark dazugeben und 1 Min. mitrösten. Dann alles mit etwas Rotwein ablöschen und den Wein vollständig einkochen lassen, nochmals mit etwas Wein ablöschen und wieder einkochen lassen. Übrigen Wein und den Rinderfond dazugießen, aufkochen lassen. Die Ochsenschwanzstücke einlegen und den Thymian unterrühren.

5 Den Bräter in den Ofen (unten, Umluft 160°) schieben und den Ochsenschwanz 2 Std. 30 Min.–3 Std. zugedeckt schmoren lassen (das Fleisch sollte schön weich sein und sich leicht vom Knochen lösen lassen), dabei zwei- bis dreimal umrühren. Rosinen mit 3 EL Essig mischen und ziehen lassen, nach der Hälfte der Garzeit unter das Fleisch rühren.

6 Die Petersilie abbrausen und trocken schütteln, die Blättchen abzupfen, fein hacken und mit der Zitronenschale mischen. Den Bräter aus dem Ofen nehmen, Ochsenschwanz mit Salz, Pfeffer und übrigem Essig abschmecken, dann mit der Zitronen-Petersilien-Mischung bestreuen und am besten in dem Bräter servieren. Dazu passt einfaches italienisches Weißbrot oder Kartoffelbrei, aber auch Bandnudeln schmecken sehr gut dazu.

Kalbsragout mit Wurzelgemüse

ZUTATEN für 4–6 Personen:
1,2 kg Kalbfleisch (aus der Schulter)
1 Zwiebel
1 Knoblauchzehe
6 Zweige Thymian
1 Bund Petersilie
2–3 EL Butterschmalz
Salz | Pfeffer
1 EL Mehl
100 ml Weißwein (ersatzweise Kalbsfond)
400 ml Kalbsfond (aus dem Glas)
1 Lorbeerblatt
250 g Perlzwiebeln (ersatzweise kleine Schalotten)
1 ½ EL Butter
3 Möhren
2 Petersilienwurzeln
2 Pastinaken
12 kleine junge Kartoffeln (mit dünner Schale)
frisch geriebene Muskatnuss

ZUBEREITUNGSZEIT: 40 Min.
GARZEIT: 2 Std.
PRO PORTION (bei 6 Personen): ca. 1270 kcal

1 Das Kalbfleisch in ca. 5 cm große Würfel schneiden. Die Zwiebel und den Knoblauch schälen und fein würfeln. Den Thymian und die Petersilie abbrausen und trocken schütteln.

2 In einem Bräter 2 EL Butterschmalz schmelzen. Darin das Fleisch in zwei Portionen nacheinander rundherum nur leicht hellbraun anbraten, herausnehmen, salzen und pfeffern. Eventuell nach der ersten Portion noch etwas Butterschmalz in den Bräter geben und heiß werden lassen.

3 Im Bratsatz Zwiebel und Knoblauch goldgelb andünsten, Mehl darüberstäuben und unter Rühren kurz anschwitzen, dabei aber nur leicht bräunen. Mit der Hälfte des Weins ablöschen, die Flüssigkeit vollständig einkochen lassen. Danach übrigen Wein und den Fond aufgießen. Lorbeerblatt, Thymian, 5 Stängel Petersilie (wer will, kann daraus mit Küchengarn auch ein Kräutersträußchen binden, das man später einfach herausnehmen kann) und das Fleisch unterrühren, mit Salz und Pfeffer würzen. Kurz aufkochen lassen, dann bei kleiner Hitze zugedeckt 1 Std. 15 Min. schmoren.

4 Perlzwiebeln mit heißem Wasser überbrühen und kurz ziehen lassen, abgießen und kalt abbrausen – so löst sich die Schale leichter –, dann die Zwiebeln schälen. Butter in einer kleinen beschichteten Pfanne schmelzen. Darin Perlzwiebeln rundherum goldbraun anbraten, vom Herd nehmen. Das Wurzelgemüse schälen, längs vierteln und in ca. 5 cm lange Stücke schneiden. Die Kartoffeln unter fließendem Wasser gründlich abbürsten und der Länge nach halbieren.

5 Gemüse, Kartoffeln und die Perlzwiebeln zum Fleisch geben und alles weitere 45 Min. zugedeckt garen, bis das Fleisch schön weich ist und Gemüse und Kartoffeln gar sind. Mit Salz, Pfeffer und Muskat abschmecken. Übrige Petersilie grob hacken und das Ragout damit bestreuen.

Entenkeulen auf Apfel-Honig-Kraut

ZUTATEN für 4 Personen:
4 Entenkeulen (je ca. 350 g)
10 Zweige Thymian
Salz | Pfeffer
2 Zwiebeln
6 kleine, festfleischige Äpfel (z. B. Cox Orange)
2 EL Gänseschmalz
1 kg Sauerkraut (frisch oder aus der Dose)
1 TL Wacholderbeeren
1 Lorbeerblatt
500–600 ml lieblicher Cidre (ersatzweise Apfelsaft)
4–5 EL Honig

ZUBEREITUNGSZEIT: 30 Min.
GARZEIT: 1 Std. 30 Min.
PRO PORTION: ca. 965 kcal

1 Die Entenkeulen abbrausen und trocken tupfen. Sehr dicke Fettstücke am Fleisch oder der Haut wegschneiden. Thymian abbrausen und trocken schütteln, von 6 Zweigen die Blättchen abzupfen und fein hacken. Die Haut der Keulen vorsichtig mit den Fingern leicht vom Fleisch lösen, anheben und die Hälfte der gehackten Thymianblättchen darunterschieben. Dann die Haut wieder schön über dem Fleisch glatt ziehen und die Keulen rundherum salzen und pfeffern.

2 Den Backofen auf 200° vorheizen. Zwiebeln schälen und fein würfeln. Äpfel waschen, 2 davon vierteln, entkernen und in kleine Stücke schneiden. Schmalz in einem Bräter schmelzen, darin die Keulen auf der Hautseite bei mittlerer Hitze 3–4 Min. anbraten, bis die Haut gebräunt ist, dann rundherum fertig anbraten, aus dem Bräter nehmen.

3 Eventuell etwas vom Bratfett abgießen und Zwiebeln und Apfelstückchen in dem übrigen Fett langsam goldgelb dünsten. Sauerkraut, Wacholderbeeren, Lorbeerblatt und ½ l Cidre dazugeben und das Kraut im Topf mit einer Gabel locker zerzupfen. Die Keulen mit der Hautseite nach oben darauflegen, dabei jeweils 1 Thymianzweig unter jede Keule stecken. Bräter mit einem Deckel verschließen, in den Ofen (unten, Umluft 180°) schieben und alles ca. 1 Std. 10 Min. garen, dabei eventuell einmal das Sauerkraut umrühren und, falls nötig, etwas Cidre nachgießen.

4 Übrige Äpfel vom Stielansatz her leicht aushöhlen, dabei nicht ganz durchstechen. 1 TL Salz mit 2 EL Wasser verrühren und darin auflösen. Übrigen gehackten Thymian in die Äpfel geben und jeweils etwas Honig darüberlaufen lassen. Bräter aus dem Ofen nehmen, das Kraut mit restlichem Honig (1–2 EL) abschmecken, die Äpfel in das Kraut zwischen die Keulen setzen, Keulen mit Salzwasser bepinseln. Alles offen weitere 15–20 Min. garen, bis die Haut der Äpfel leicht aufreißt, sie sollten aber nicht platzen. Wer möchte, schaltet die letzten 5 Min. noch den Grill zu, damit die Entenhaut schön knusprig wird.

5 Bräter aus dem Ofen nehmen und Keulen, Apfel-Honig-Kraut und die Bratäpfel sofort servieren. Dazu passen rohe Klöße (siehe Seite 189) oder gebratene Schupfnudeln (siehe Seite 241).

ZUTATEN für 1 Tarteform (26 cm Ø), 12 Stück:
450 g TK-Blätterteig
5–6 Stauden Chicorée
10–12 kleine Schalotten
4 Zweige Thymian
3 gehäufte EL Zucker
Salz | Pfeffer
2 EL Weißweinessig
2 EL Butter
Mehl zum Arbeiten

ZUBEREITUNGSZEIT: 30 Min.
BACKZEIT: 25 Min.
PRO STÜCK: ca. 180 kcal

Chicorée-Schalotten-Tarte-Tatin

1 Die Blätterteigplatten nebeneinander auf die Arbeitsfläche legen und auftauen lassen. Die Chicoréestauden waschen, putzen und längs halbieren, die Schalotten schälen. Thymian abbrausen, trocken schütteln und die Blättchen abzupfen.

2 Zucker in eine beschichtete Pfanne streuen und bei mittlerer Hitze goldbraun karamellisieren lassen. Die Pfanne vom Herd nehmen, Chicoréehälften vorsichtig mit der Schnittfläche nach unten in den Karamell drücken – Achtung, es kann spritzen! Die Schalotten ebenfalls in den Karamell geben, den Thymian darüberstreuen, salzen und pfeffern.

3 Die Pfanne zurück auf den Herd stellen und Chicorée und Schalotten bei kleiner Hitze offen 10 Min. dünsten, dabei nach der Hälfte der Zeit wenden. Den Essig dazugeben, 1 Min. weiterdünsten. Chicorée und Schalotten aus der Pfanne heben. Butter einrühren und den Karamell bei mittlerer Hitze sirupartig einkochen lassen, in die Tarteform gießen.

4 Backofen auf 200° (Umluft 180°) vorheizen. Chicoréehälften mit den Schnittflächen nach oben sternförmig in die Form legen, Schalotten in den Zwischenräumen verteilen. Die Teigplatten übereinanderlegen und auf der bemehlten Arbeitsfläche etwas größer als die Form rund ausrollen, mehrmals mit einer Gabel einstechen und auf die Form legen. Überstehende Teigränder vorsichtig über den Formrand biegen und festdrücken.

5 Die Tarte im Ofen (Mitte) in 20–25 Min. goldbraun backen. Herausnehmen, kurz abkühlen lassen, dann vorsichtig wenden. Dazu eine Kuchenplatte auf die Form legen, beides zusammen gut festhalten (Küchentücher oder Topflappen verwenden!) und umdrehen. Falls noch Karamell in der Form ist, über die Tarte träufeln, salzen und pfeffern, servieren.

Schweizer Käsewähe

ZUTATEN für 1 Tarte- oder Springform (28 cm Ø), 12 Stück:

Für den Teig:
100 g kalte Butter
200 g Mehl
1 TL Salz
2 EL Weißweinessig
200 g Magerquark

Für den Belag:
250 g Greyerzer
100 g extra würziger Schweizer Appenzeller (6 Monate gereift)
200 g Sahne
200 ml Milch
1 gehäufter EL Mehl
2 Eier (M)
2 Eigelb (M)
Salz | Pfeffer
frisch geriebene Muskatnuss
Butter für die Form
Mehl zum Arbeiten

ZUBEREITUNGSZEIT: 25 Min.
KÜHLZEIT: 30 Min.
BACKZEIT: 40 Min.
PRO STÜCK: ca. 335 kcal

1 Für den Teig die Butter kurz ins Tiefkühlfach legen und dann auf einer Rohkostreibe grob raspeln. Mit Mehl und Salz mischen und zwischen den Händen zu Bröseln zerreiben. Essig und Quark dazugeben und alles zügig zu einem geschmeidigen Teig kneten. Den Teig ca. 2 cm dick rechteckig ausrollen, erst ein Teigende von der Schmalseite her etwas über die Mitte einschlagen, dann das andere Teigende darüberlegen, leicht festdrücken. Den Teig in Folie wickeln und ca. 30 Min. in den Kühlschrank legen.

2 Für den Belag den Käse entrinden und auf der Rohkostreibe fein reiben. Sahne, Milch, Mehl, Eier und Eigelbe mit einem Schneebesen verquirlen, Käse unterrühren. Die Masse mit Salz, Pfeffer und Muskat würzen.

3 Den Backofen auf 200° vorheizen, die Form mit Butter einfetten. Den Teig auf einer bemehlten Arbeitsfläche etwas größer als die Form rund ausrollen, die Form damit auslegen und den Teig mehrmals mit einer Gabel einstechen. Die Käsemasse auf dem Teig verteilen und die Wähe im Ofen (Mitte, Umluft 180°) in ca. 40 Min. dunkelbraun backen. Herausnehmen, vor dem Anschneiden noch 5 Min. ruhen lassen.

VARIANTE – Rosenkohlquiche
Wie oben beschrieben den Teig zubereiten und kühlen. 1 kg Rosenkohl waschen, putzen und ca. 8 Min. in kochendem Salzwasser garen, dann in ein Sieb gießen, kalt abbrausen und abtropfen lassen. 4 Eier (M) mit 200 g saurer Sahne und 80 ml Milch verrühren, 100 g frisch geriebenen Bergkäse untermischen. Mit Salz, Pfeffer, edelsüßem Paprikapulver und frisch geriebener Muskatnuss würzen. Eine Springform (26 cm Ø) mit Butter einfetten und wie beschrieben mit dem Teig auslegen. Gut abgetropften Rosenkohl darauf verteilen, mit 80 g Haselnussblättchen bestreuen und die Eier-Käse-Sahne darübergießen. Rosenkohlquiche im auf 200° vorgeheizten Backofen (Mitte, Umluft 180°) in ca. 45 Min. goldbraun backen. Aus dem Ofen nehmen, kurz ruhen lassen, dann aufschneiden.

Kartoffelmaultaschen mit Lauchfüllung

ZUTATEN für 4–6 Personen:

Für den Kartoffelteig:
1 kg mehligkochende Kartoffeln
4 EL Hartweizengrieß
100 g Mehl
2 Eigelb (M)
1 TL getrockneter Majoran
Salz | Pfeffer
frisch geriebene Muskatnuss
Mehl zum Arbeiten
Kartoffelpresse

Für die Füllung:
2 Stangen Lauch (ca. 400 g)
1 Bund Lauchzwiebeln
80 g durchwachsener Räucherspeck
150 g gekochter Schinken (in Scheiben)
75 g Butter
Salz | Pfeffer
frisch geriebene Muskatnuss
¼ TL edelsüßes Paprikapulver
150 g Schmand

ZUBEREITUNGSZEIT: 1 Std.
BACKZEIT: 45 Min.
PRO PORTION (bei 6 Personen): ca. 475 kcal

1 Die Kartoffeln waschen und in ausreichend Wasser in 20–25 Min. gar kochen. Abgießen und (auf der ausgeschalteten, noch warmen Herdplatte) gut ausdampfen lassen. Kartoffeln möglichst heiß pellen und durch eine Kartoffelpresse locker auf eine Arbeitsfläche drücken, auskühlen lassen.

2 Inzwischen für die Füllung Lauch längs halbieren, waschen, putzen und in dünne Ringe schneiden. Die Lauchzwiebeln waschen und putzen, grüne und weiße Teile getrennt in dünne Ringe schneiden. Speck klein würfeln, Schinken in kurze, schmale Streifen schneiden. Gut 1 EL Butter in einer beschichteten Pfanne schmelzen. Darin den Speck und die weißen Zwiebelringe bei mittlerer Hitze langsam goldgelb dünsten. Lauch dazugeben, salzen und pfeffern und unter Rühren bei großer Hitze 2–4 Min. braten, bis der Lauch leicht bräunt. Vom Herd nehmen, mit Muskat und Paprika würzen. Die Schinkenstreifen und das Zwiebelgrün unterrühren. Die Füllung abkühlen lassen.

3 Den Backofen auf 200° vorheizen. Übrige Butter schmelzen und eine große Auflaufform mit etwas Butter einfetten. Grieß, Mehl und Eigelbe auf den Kartoffeln verteilen, mit Majoran und reichlich Salz, Pfeffer und Muskat bestreuen. Alles mit einer Gabel durchrühren, dann mit den Händen lose zerreiben, anschließend kurz, ohne allzu viel Druck zu einem Teig verkneten, der locker ist, aber trotzdem gut zusammenhält. Den Teig auf der leicht bemehlten Arbeitsfläche zu einer Rolle formen, in zwölf gleich große Stücke schneiden. Jedes Teigstück leicht oval ausrollen (ca. 15 x 12 cm).

4 Schmand unter die Füllung rühren, mit Salz und Pfeffer abschmecken. Jeweils gut 1 EL Füllung auf jedem Teigstück verteilen, dabei an den Seiten einen Rand frei lassen. Teigstücke von der Längsseite her aufrollen und mit der Naht nach unten mit etwas Abstand nebeneinander in die Form legen, dabei jeweils die beiden seitlichen Teigenden nach unten einklappen. Die Maultaschen mit der restlichen Butter bestreichen und im Ofen (Mitte, Umluft 180°) in ca. 45 Min. schön braun backen. Herausnehmen, lauwarm abkühlen lassen und mit einem bunt gemischten Salat servieren.

Karamellisierter Ofenmilchreis mit Backobstkompott

ZUTATEN für 8 Personen:

Für den Milchreis:
1,7 l Milch
200 g Sahne
1 Vanilleschote
180 g Zucker
½ TL Zimtpulver
250 g Milchreis
Butter für die Form

Für das Kompott:
3 EL schwarze Teeblätter (ersatzweise 3 EL rote Früchtetee-Mischung)
4 Nelken
1 Zimtstange
1 Stück Bio-Zitronenschale (ca. 5 cm)
3–5 EL Zucker
½ Vanilleschote
350 g Backobst (möglichst getrocknete Apfelringe, entsteinte Backpflaumen, Dörraprikosen und Dörrbirnen in jeweils gleicher Menge)
50 g Rosinen
2–3 Spritzer frisch gepresster Zitronensaft

ZUBEREITUNGSZEIT: 30 Min.
GARZEIT: 3 Std. 30 Min.
PRO PORTION: ca. 570 kcal

1 Für den Reis Milch und Sahne in einen Topf geben. Die Vanilleschote längs aufschlitzen und das Mark herauskratzen. Den Zucker mit dem Zimt mischen, 4 EL beiseitestellen, den Rest mit Vanillemark und -schote in den Topf geben. Alles unter Rühren aufkochen. Vom Herd nehmen, 10 Min. ziehen lassen, dann die Vanilleschote entfernen.

2 Eine hohe Auflaufform (ca. 25 cm x 30 cm) dick mit Butter einfetten. Den Backofen auf 130° vorheizen.

3 Den Reis in die Milch rühren, die Mischung in die Form füllen und im Ofen (Mitte, Umluft 120°) 3 Std.–3 Std. 30 Min. garen. Nach ca. 1 Std. beginnt sich eine feine Haut auf dem Milchreis zu bilden, diese mit ein wenig zurückbehaltenem Zimtzucker bestreuen. Den Milchreis weitergaren und in regelmäßigen Abständen nach und nach mit dem Rest des Zimtzuckers bestreuen. Der Reis ist fertig, wenn so gut wie alle Flüssigkeit aufgesogen ist und sich eine goldbraune Oberfläche gebildet hat.

4 Zwischendurch für das Kompott die Teeblätter mit ¾ l kochend heißem Wasser aufbrühen und 5 Min. ziehen lassen (Früchtetee 15 Min.). Den Tee durch ein Sieb in einen Topf gießen, Nelken, Zimtstange, Zitronenschale und 3 EL Zucker dazugeben. Die Vanilleschote längs aufschlitzen und das Mark herauskratzen, beides ebenfalls in den Topf geben. Alles bei kleiner Hitze 5 Min. leicht köcheln lassen. Dann das Backobst und die Rosinen unterrühren und aufkochen, anschließend 20–25 Min. offen bei kleiner Hitze köcheln lassen. Mit übrigem Zucker und Zitronensaft abschmecken und nur lauwarm oder auch ganz auskühlen lassen.

5 Vor dem Servieren eventuell Nelken, Zimtstange, Vanilleschote und Zitronenschale aus dem Kompott entfernen. Den Milchreis aus dem Ofen nehmen und vor dem Servieren noch 10 Min. stehen lassen (er schmeckt warm oder kalt), dann Stücke abstechen, auf Tellern verteilen und mit dem kalten oder lauwarmen Backobstkompott servieren.

Mandelkern & Zimtduft

Gefüllte Bratäpfel mit Vanillesauce

ZUTATEN für 4 Personen:

Für die Äpfel:
1 EL Rosinen
2 EL Rum (nach Belieben)
60 g weiche Butter
4 nicht zu große Äpfel (z. B. Cox Orange oder Boskop)
1 TL frisch gepresster Zitronensaft
4 EL Honig
4 EL gemahlene Haselnüsse
2–3 Msp. Zimtpulver

Für die Sauce:
1 Vanilleschote
¼ l Milch
200 g Sahne
1 gestrichener EL Speisestärke
2 Eigelb (M)
60 g Zucker

ZUBEREITUNGSZEIT: 30 Min.
GARZEIT: 30 Min.
PRO PORTION: ca. 605 kcal

1 Für die Äpfel die Rosinen in einer kleinen Schüssel nach Wunsch mit dem Rum übergießen und darin ziehen lassen, bis sie benötigt werden. Den Backofen auf 180° (Umluft 160°) vorheizen.

2 Für die Sauce die Vanilleschote längs aufschlitzen, Mark herauskratzen und samt Schote mit 200 ml Milch und Sahne in einen Topf geben. Unter gelegentlichem Rühren bei kleiner Hitze offen 5 Min. köcheln lassen.

3 Inzwischen Stärke mit übriger Milch, Eigelben und Zucker in einer kleinen Schüssel mit einem Schneebesen gut verrühren. Unter Rühren in den Topf gießen und alles bei mittlerer Hitze aufkochen lassen. Vom Herd nehmen und abkühlen lassen. Die Vanilleschote noch in der Sauce ziehen lassen und erst vor dem Servieren herausnehmen.

4 Eine kleine Auflaufform mit 1 EL Butter einfetten. Die Äpfel waschen und vom Stielansatz her das Kerngehäuse großzügig herausschneiden. Die Äpfel mit den Öffnungen nach oben in die Form setzen und innen an den Schnittstellen mit Zitronensaft einreiben.

5 Übrige Butter (bis auf 1–2 TL) mit 3 EL Honig, den Haselnüssen und den Rosinen (samt Rum) mischen, mit Zimt würzen. Diese Masse fest in die Äpfel füllen und obenauf je 1 Flöckchen Butter legen. Die Äpfel im Ofen (Mitte) 25–30 Min. garen, dabei nach ca. 20 Min. mit dem übrigen Honig beträufeln und mit ausgetretenem Bratsaft begießen. Die Äpfel heiß auf tiefe Teller verteilen und mit der Vanillesauce umgießen.

Wärmender Christkindlmarkt-Glühwein

ZUTATEN für 4 Tassen (je ca. ¼ l):
¾ l trockener Rotwein
dünn abgeschälte Schale von ½ Bio-Zitrone
80 g Zucker
2 Zimtstangen
10 Nelken
frisch gepresster Saft von 2 Orangen
⅛ l Orangenlikör

ZUBEREITUNGSZEIT: 10 Min.
KOCHZEIT: 15 Min.
PRO TASSE: ca. 285 kcal

1 Alle Zutaten bis auf den Likör in einen Topf geben und verrühren, bis sich der Zucker aufgelöst hat. Zugedeckt bei kleiner Hitze ganz langsam heiß werden lassen, bis der Wein an der Oberfläche kleine Schauminseln bekommt. Dann den Glühwein 15 Min. zugedeckt köcheln lassen.

2 Den Likör dazugießen und alles zugedeckt bei ausgeschalteter Herdplatte 3–5 Min. ziehen lassen. Den Glühwein noch richtig heiß durch ein feines Sieb in Tassen gießen und sofort servieren.

VARIANTE – weißer Glühwein
Dafür 8 grüne Kardamomkapseln leicht anquetschen. Mit 2 Sternanisen, 1 Zimtstange, 3 Nelken und ¾ l nicht zu trockenem Weißwein in einen Topf geben. 1 Bio-Orange und 1 Bio-Zitrone heiß waschen, in Scheiben schneiden (Endstücke nicht verwenden) und mit 100 g Zucker dazugeben. Wein langsam erhitzen und 15 Min. köcheln lassen. Nach Wunsch zum Schluss noch 5 EL Limoncello (italienischer Zitronenlikör) oder Orangenlikör einrühren, eventuell mit Zucker nachsüßen.

Apfelpunsch mit Sahnehaube

ZUTATEN für 4 Gläser (je ca. ¼ l):
1 Stück Ingwer (ca. 3 cm)
1 ½ Zimtstangen
2 Nelken
1 l naturtrüber Apfelsaft
150 ml Calvados (französischer Apfelbrand, ersatzweise Apfelsaft plus 1 EL frisch gepresster Zitronensaft)
200 g Sahne
3 EL Zucker
Zimtpulver zum Bestäuben

ZUBEREITUNGSZEIT: 10 Min.
KOCHZEIT: 10 Min.
PRO GLAS: ca. 410 kcal

1 Den Ingwer schälen, in Scheiben schneiden und mit den Zimtstangen, den Nelken und dem Apfelsaft in einen Topf geben. Bei kleiner Hitze heiß werden und dann ca. 10 Min. köcheln lassen.

2 Calvados in den Punsch rühren und alles zugedeckt bei ausgeschalteter Herdplatte 3–5 Min. ziehen lassen. Die Sahne steif schlagen, dabei nach und nach den Zucker einrieseln lassen. Dann den Punsch durch ein feines Sieb in hitzebeständige Gläser gießen und mit einer Sahnehaube garnieren. Mit Zimtpulver bestäuben und sofort servieren.

VARIANTE – Kinderpunsch
Dafür 450 ml Apfelsaft, ¼ l Kirschnektar, 150 ml Holunderbeerensaft, Saft von 3 Orangen, je 1 Stück Bio-Orangen- und Zitronenschale (ca. 3 cm), 2 Zimtstangen, 6 Pimentkörner, 12 Nelken und 1 Sternanis in einen Topf geben. Alles bei kleiner Hitze zum Kochen bringen, dann zugedeckt 15 Min. köcheln lassen. Mit 2–3 EL Honig süßen, durch ein Sieb in Tassen gießen.

Luftiger Eierpunsch

ZUTATEN für 4–5 Gläser (je ca. 200 ml):
½ l trockener Weißwein
1 ½ Zimtstangen
7 Nelken
dünn abgeschälte Schale von ½ Bio-Zitrone
4 cl Cognac
6 ganz frische Eier (M)
5 EL Zucker
1 Pck. Vanillezucker
Zimtpulver zum Bestäuben

ZUBEREITUNGSZEIT: 25 Min.
MARINIERZEIT: 25 Min.
PRO GLAS (bei 5 Gläsern): ca. 250 kcal

1 Den Wein mit Zimtstangen, Nelken und Zitronenschale in einen Topf geben. Alles bei mittlerer Hitze bis fast zum Kochen bringen, dann zugedeckt bei ganz kleiner Hitze 25 Min. ziehen lassen. Den Wein durch ein feines Sieb abgießen, auffangen und zurück in den Topf gießen, Cognac unterrühren. Warm halten.

2 Die Eier mit Zucker und Vanillezucker in eine große Schlagschüssel aus Metall geben und gut mit einem Schneebesen verrühren. Dann die Schüssel über ein heißes Wasserbad hängen. Unter kräftigem, beständigem Schlagen nun nach und nach den warmen Wein schöpfkellenweise zu der Eiermasse geben, sodass zum Schluss ein schön hell aufgeschäumter Punsch entstanden ist. Den Punsch zügig auf hitzebeständige Gläser verteilen, mit ein wenig Zimt bestäuben und sofort servieren, der Schaum fällt rasch zusammen.

VARIANTE – Eggnog
Für diesen typischen Weihnachtsdrink mit Ei aus den USA in einen Topf 1 l Milch geben, unter Rühren aufkochen lassen und bei kleiner Hitze warm halten. 4 Eier (M) in einer Schüssel mit 3 EL Zucker und 1 Pck. Vanillezucker mit einem Schneebesen aufschlagen, bis eine hellgelbe, cremige Masse entstanden ist. 1 Schöpfkelle heiße Milch zu der Eiermischung geben und gut unterrühren, dann die Eier-Milch-Mischung unter die heiße Milch rühren und unter kräftigem Schlagen 1–2 Min. erhitzen, bis die Flüssigkeit cremig-dicklich und schön schaumig ist. Vom Herd nehmen und 100 ml Whiskey oder Rum unterrühren. Eggnog auf Tassen oder hitzebeständige Gläser verteilen und mit frisch geriebener Muskatnuss bestreuen.

Heiße Schokolade mit Zimt

ZUTATEN für 4 Tassen
(je ca. 1/4 l):
1/2 Vanilleschote
3/4 l Milch
1–2 EL Zucker
1 TL Zimtpulver
100 g Vollmilchschokolade
100 g Zartbitterschokolade

ZUBEREITUNGSZEIT: 15 Min.
PRO TASSE: ca. 415 kcal

1 Die Vanilleschote längs aufschlitzen und das Mark herauskratzen. Das Mark und die Schote mit der Milch, 1 EL Zucker und dem Zimt in einem Topf unter Rühren aufkochen, dann bei ganz kleiner Hitze 5 Min. ziehen lassen. Die Vollmilch- und Zartbitterschokolade fein hacken.

2 Die Vanillemilch nochmals unter Rühren richtig heiß werden lassen, dann die Vanilleschote herausnehmen und den Topf vom Herd ziehen. Die Schokolade in die Milch geben und unter Rühren schmelzen lassen. Nach Wunsch noch mit übrigem Zucker nachsüßen. Die Schokolade auf Tassen verteilen und sofort servieren.

TIPP – alternative Süße
Wer möchte, kann die Schokolade anstelle von Zucker auch mit Honig süßen. Dieser sollte dann allerdings erst ganz am Ende unter die fertige Schokolade gerührt werden.

Karamell-Ingwer-Chai

ZUTATEN für 4 Gläser
(je ca. 1/4 l):
150 g Zucker
2 Zimtstangen
15 grüne Kardamomkapseln
12 Nelken
1 Stück Ingwer (ca. 8 cm)
3/4 l Milch
3 1/2 EL schwarze Teeblätter (z. B. Assam oder Friesische Mischung, der gebrühte Tee soll ein sehr kräftiges Aroma haben)

ZUBEREITUNGSZEIT: 25 Min.
PRO GLAS: ca. 270 kcal

1 Den Zucker in einen Topf streuen und bei mittlerer Hitze goldbraun karamellisieren lassen. Mit 400 ml Wasser vorsichtig ablöschen – Achtung: Es zischt und kann spritzen!

2 Die Gewürze in einem Mörser grob zerstoßen und mit in den Topf geben. Den Ingwer schälen, im Mörser zerquetschen und ebenfalls dazugeben. Den Karamell so lange bei großer Hitze unter Rühren kochen, bis er sich vollständig gelöst hat.

3 Die Milch dazugießen und bei mittlerer Hitze zum Kochen bringen. Dann die Teeblätter einrühren und 3–5 Min. mitkochen lassen. Karamell-Ingwer-Chai durch ein feines Sieb entweder in eine Kanne gießen, sodass sich jeder selbst davon nehmen kann, oder sofort in hitzebeständige Gläser verteilen. In jedem Fall aber: Sofort genießen!

Grießflammeri mit Orangen-Mandarinen-Kompott

ZUTATEN für 4 Personen:

Für den Flammeri:
3 EL gewürfeltes Orangeat
¼ l Milch
1 Pck. gemahlener Safran (0,1 g)
¾ TL gemahlener Kardamom
3 EL Zucker
Salz
50 g Hartweizengrieß
2 Blatt weiße Gelatine
1 Ei (M)
3 EL Orangenlikör (ersatzweise Orangensaft)
200 g Sahne
Butter für die Form

Für das Kompott:
3 Orangen
6 Mandarinen
3 EL frisch gepresster Zitronensaft
½ Vanilleschote
80 g Zucker
2 Nelken
2 Pimentkörner
1 Zimtstange
1 TL Speisestärke
2 EL Orangenlikör (ersatzweise kaltes Wasser)

ZUBEREITUNGSZEIT: 50 Min.
KÜHLZEIT: 4 Std.
PRO PORTION: ca. 535 kcal

1 Für den Flammeri Orangeat fein hacken. Milch, Safran, Kardamom, Zucker und 1 Prise Salz in einem Topf bei mittlerer Hitze aufkochen und 5 Min. kochen lassen. Orangeat dazugeben und die Milch unter Rühren nochmals aufkochen. Vom Herd nehmen, Grieß unter Rühren einrieseln lassen. Topf auf den Herd zurückstellen und den Grieß 5 Min. bei ganz kleiner Hitze unter Rühren quellen lassen – dabei entsteht nach und nach eine dicker Grießbrei. Vom Herd nehmen und leicht abkühlen lassen. Die Gelatine nach Packungsangabe in kaltem Wasser einweichen.

2 Ei trennen, das Eigelb gründlich unter den warmen Grießbrei rühren. Likör in einem kleinen Topf erhitzen, die Gelatine ausdrücken und unter Rühren darin auflösen, dann unter die Grießmasse rühren. Grieß handwarm abkühlen lassen. Das Eiweiß und 1 Prise Salz mit den Quirlen des Handrührgeräts steif schlagen. Die Sahne ebenfalls steif schlagen, beides unterheben. Eine Form (z. B. eine kleine Gugelhupfform, ca. ½ l) mit etwas Butter einfetten. Grießmasse einfüllen, mit Klarsichtfolie abdecken und den Flammeri in 4 Std. im Kühlschrank fest werden lassen.

3 Für das Kompott 2 Orangen so schälen, dass auch die weiße Haut mit entfernt wird. Die Fruchtfilets zwischen den Trennhäuten herausschneiden, dabei den ablaufenden Saft auffangen. 3 Mandarinen so sorgfältig wie möglich schälen und in Stücke teilen. Übrige Orange und restliche Mandarinen auspressen, Saft mit aufgefangenem Orangensaft und Zitronensaft mischen – es sollten ca. ¼ l sein. Vanilleschote längs halbieren, Mark herauskratzen.

4 Zucker in einen Topf streuen und bei mittlerer Hitze goldbraun karamellisieren lassen, mit dem Saft ablöschen. Vanilleschote und -mark und übrige Gewürze dazugeben, alles unter Rühren bei großer Hitze um ein Drittel einkochen lassen. Stärke mit dem Likör glatt verrühren und in den kochenden Sud einrühren, 2–3 Min. bei kleiner Hitze köcheln lassen, bis der Sud leicht bindet. Vom Herd nehmen und Orangen- und Mandarinenstücke untermischen. Kompott abkühlen lassen.

5 Form mit dem Flammeri kurz in heißes Wasser stellen (so schmilzt die Butter und macht den Rand rutschig), dann stürzen und den Flammeri aus der Form gleiten lassen. Mit dem Kompott anrichten und servieren.

Karamell-Zimt-Ofenschlupfer

ZUTATEN für 4 Personen:
100 g Zucker
2 EL Butter
1/4 l Milch
100 g Sahne
250 g Hefezopf mit Rosinen (eventuell auch vom Vortag)
3 Eier (M)
1/3 TL Zimtpulver
50 g Mandelstifte
Butter für die Form

ZUBEREITUNGSZEIT: 35 Min.
BACKZEIT: 40 Min.
PRO PORTION: ca. 545 kcal

1 In einen Topf 75 g Zucker streuen und bei mittlerer Hitze goldbraun karamellisieren lassen. 100 ml Wasser vorsichtig dazugießen (Achtung, es kann spritzen!) und bei großer Hitze unter Rühren kochen lassen, bis sich der Karamell vollständig gelöst hat. Butter, Milch und Sahne dazugeben und alles aufkochen, dann die Karamellmilch lauwarm abkühlen lassen.

2 Inzwischen den Backofen auf 180° (Umluft 160°) vorheizen. Den Zopf in gut 1 cm dicke Scheiben schneiden und auf ein Backblech legen. Im Ofen (Mitte) in 5–8 Min. hellbraun rösten, dabei einmal wenden. Herausnehmen und abkühlen lassen.

3 Eine runde Auflaufform (ca. 20 cm Ø) dick mit Butter einfetten. Zopfscheiben dachziegelartig einschichten. Karamellmilch mit den Eiern verquirlen und über die Zopfscheiben gießen, 5–10 Min. ziehen lassen. Den übrigen Zucker mit Zimt mischen und mit den Mandeln über den Auflauf streuen. Im Ofen (Mitte) in ca. 40 Min. goldbraun backen, dabei nach der Hälfte der Backzeit mit Backpapier abdecken. Ofenschlupfer kurz abkühlen lassen, dann mit Vanillesauce (siehe Seite 92) oder Eis servieren.

Apfel-Cranberry-Crumble

ZUTATEN für 4 Personen:
50 g Walnusskerne
70 g Mandelblättchen
750 g Äpfel (z. B. Boskop)
2 EL frisch gepresster Zitronensaft
180 g frische oder tiefgekühlte Cranberrys
150 g Zucker
1 1/2 TL Zimtpulver
4 EL Rum (nach Belieben)
100 g kalte Butter
200 g Mehl
Butter für die Form

ZUBEREITUNGSZEIT: 25 Min.
BACKZEIT: 50 Min.
PRO PORTION: ca. 815 kcal

1 Den Backofen auf 180° vorheizen, eine runde Auflaufform (ca. 20 cm Ø) gründlich mit Butter einfetten. Die Walnüsse grob hacken und die Mandelblättchen grob zerbröseln.

2 Äpfel schälen, vierteln, entkernen und in Stücke oder Spalten schneiden, sofort mit Zitronensaft mischen. Cranberrys grob hacken (frische Früchte vorher waschen), mit knapp 2 EL Zucker und der Hälfte des Zimts mischen und mit den Äpfeln in die Form geben. Nach Wunsch mit Rum beträufeln.

3 Butter in kleine Stücke schneiden, mit Mehl, restlichem Zucker und Zimt mischen und zwischen den Händen zügig zu Bröseln zerreiben. Die Walnüsse und Mandeln ebenfalls unterreiben, die Brösel auf den Äpfeln verteilen und leicht festdrücken. Crumble im Ofen (Mitte, Umluft 160°) 40 Min. backen, dann die Temperatur auf 200° (Umluft 180°) erhöhen und weitere 10 Min. backen. Den Crumble ganz kurz abkühlen lassen, dann mit Vanilleeis oder mit Vanillesauce (siehe Seite 92) servieren.

Lebkuchenwaffeln mit heißen Gewürzkirschen

ZUTATEN für 4 Personen (ca. 10 Stück):

Für die Waffeln:
250 g Mehl
Salz
3 EL Zucker
2 TL Lebkuchengewürz
250 g Sahne
4 Eier (M)
150 g Butter

Für die Kirschen:
1 Glas Sauerkirschen (Schattenmorellen, ca. 600 g)
1 Zimtstange
3 Nelken
2 EL Zucker
1 EL Speisestärke
2 EL Kirschwasser (nach Belieben)

Zum Servieren:
250 g Sahne
1–2 EL Zucker
2 EL Kirschwasser (nach Belieben)

Außerdem:
Waffeleisen
Butter für das Waffeleisen

ZUBEREITUNGSZEIT: 1 Std.
PRO PORTION: ca. 1180 kcal

1 Für die Waffeln das Mehl mit 1 Prise Salz, dem Zucker und dem Lebkuchengewürz in einer Schüssel mischen. Die Sahne dazugießen und alles mit einem Schneebesen zu einem festen, glatten Teig verrühren (er hat die Konsistenz eines Rührteigs), falls nötig 1–2 EL Wasser dazugeben. 2 Eier trennen, die Eigelbe mit den restlichen Eiern unter den Teig rühren. Den Teig 15–20 Min. ruhen lassen.

2 Inzwischen für die Gewürzkirschen die Kirschen in ein Sieb gießen und den Saft in einem Topf auffangen. Zimtstange, Nelken und den Zucker zum Saft geben, aufkochen und zugedeckt 8 Min. bei kleiner Hitze leicht köcheln lassen.

3 Die Stärke mit 2–3 EL kaltem Wasser verrühren und unter den Saft mischen. Unter Rühren aufkochen, dann weitere 3–4 Min. bei mittlerer Hitze kochen lassen, bis der Saft leicht bindet. Die Kirschen und nach Belieben das Kirschwasser einrühren. Gewürzkirschen zugedeckt auf der ausgeschalteten Herdplatte heiß halten.

4 Zum Servieren die Sahne mit den Quirlen des Handrührgeräts steif schlagen, nach Geschmack mit dem Zucker süßen und eventuell noch das Kirschwasser unterschlagen.

5 Die Eiweiße mit 1 Prise Salz steif schlagen. Die Butter bei kleiner Hitze schmelzen und gründlich unter den Teig rühren, dann den Eischnee unterheben. Waffeleisen nach Gebrauchsanweisung vorheizen, die Backflächen mit wenig Butter einfetten.

6 Nach und nach jeweils 2 große EL Teig in der Mitte der unteren Backfläche des Waffeleisens verteilen, Waffeleisen schließen und die Waffel goldbraun backen. Die fertigen Waffeln baldmöglichst servieren, falls nötig die bereits gebackenen Waffeln im Backofen bei 80° auf einem Kuchengitter warm halten. Die Lebkuchenwaffeln jeweils mit einem Klecks Sahne und den Gewürzkirschen auf Tellern anrichten.

Stollen-Scones

ZUTATEN für ca. 8 Stück:
je 1 gehäufter EL gewürfeltes Zitronat und Orangeat
50 g gehackte, gehäutete Mandeln
250 g Mehl
1 Prise Salz
2 TL Backpulver
40 g Zucker
75 g weiche Butter
180 ml Milch
1 Ei (M)
Mehl zum Arbeiten

ZUBEREITUNGSZEIT: 20 Min.
RUHEZEIT: 30 Min.
BACKZEIT: 15 Min.
PRO STÜCK: ca. 270 kcal

1 Zitronat und Orangeat winzig klein würfeln und in einer Schüssel mit Mandeln, Mehl, Salz, Backpulver und Zucker mischen. Butter in Flöckchen dazugeben und alles mit den Händen rasch zu groben Bröseln zerreiben. 150 ml Milch dazugießen, zu einem glatten Teig kneten. Den Teig zu einer Kugel formen, zugedeckt 30 Min. an einem kühlen Ort ruhen lassen.

2 Backofen auf 200° (Umluft 180°) vorheizen, ein Backblech mit Backpapier auslegen. Teig auf einer leicht bemehlten Arbeitsfläche ca. 2 cm dick ausrollen und mit einem runden Ausstecher oder einem Glas (ca. 7 cm Ø) Kreise ausstechen.

3 Die Teigkreise mit etwas Abstand zueinander auf das Blech legen. Die übrige Milch und das Ei verquirlen und die Scones gleichmäßig damit bepinseln. Im Ofen (Mitte) in 12–15 Min. goldbraun backen. Die Scones herausnehmen und auf einem Kuchengitter abkühlen lassen. Dann das Gebäck sofort servieren – nach Wunsch mit Lemoncurd (siehe unten) oder Butter und Konfitüre oder Honig.

Lemoncurd

ZUTATEN für 2 Twist-off-Gläser (je 1/4 l):
3–5 Bio-Zitronen (sie sollen 1/8 l Saft ergeben)
125 g Butter
250 g Zucker
4 Eier (M)

ZUBEREITUNGSZEIT: 45 Min.
PRO GLAS: ca. 910 kcal

1 Die Zitronen heiß waschen und abtrocknen, von 2 Zitronen die Schale fein abreiben, von allen Zitronen den Saft auspressen (es soll 1/8 l sein). Die Butter in Stückchen schneiden und mit Zucker, Zitronensaft und -schale in eine Schlagschüssel aus Metall geben.

2 Die Schüssel in einen Topf mit nur leicht siedendem Wasser hängen (der Schüsselboden sollte das Wasser nicht berühren). Die Mischung bei kleiner Hitze über dem Wasserbad erwärmen und mit dem Schneebesen rühren, bis sich Butter und Zucker gelöst haben.

3 Die Eier verquirlen, in die Schüssel geben und gut mit der Zitronenmischung verrühren. Die ganze Masse 20–25 Min. unter Rühren erwärmen, bis sie cremig und dicklich wird. Dann sofort in heiß gespülte und gründlich abgetrocknete Twist-off-Gläser füllen. Die Gläser gut verschließen und das Lemoncurd abkühlen lassen. Kühl und dunkel aufbewahrt hält sich das Curd ca. 3 Monate. Es schmeckt zu Scones (siehe oben), aber auch als Aufstrich auf Toast und Brötchen und als Füllung in Mürbeteig-Torteletts.

Kardamom-Trüffel-Muffins

ZUTATEN für 1 Muffinblech
(mit 12 Mulden):
100 g Sahne
150 g Zartbitterschokolade
100 g Butter | 2 Eier (M)
80 g Zucker | 100 g saure Sahne
180 g Mehl | 2 TL Backpulver
1 ½ TL gemahlener Kardamom
70 g gemahlene Mandeln
12 Mini-Zartbitter-Trüffel
(z. B. Rumtrüffel, ersatzweise
6 halbierte große Trüffel)
Butter für das Blech oder
12 Papierförmchen

ZUBEREITUNGSZEIT: 20 Min.
BACKZEIT: 25 Min.
PRO STÜCK: ca. 290 kcal

1 Backofen auf 180° (Umluft 160°) vorheizen. Die Mulden des Muffinblechs gut einfetten oder die Papierförmchen einlegen. Die Sahne in einen kleinen Topf gießen, Schokolade in Stücke brechen, dazugeben und unter Rühren bei kleiner Hitze schmelzen. Die Butter in Stücke schneiden, unterrühren und ebenfalls schmelzen.

2 Die Eier mit Zucker und saurer Sahne verrühren, Schokosahne dazugeben und gründlich unterrühren. Mehl, Backpulver, Kardamom und die Mandeln mischen und zügig unter die Schokomasse mengen.

3 Teig in den Formmulden verteilen und je 1 Trüffel so hineindrücken, dass er gerade mit Teig bedeckt ist. Im Ofen (Mitte) 20–25 Min. backen. Form herausnehmen, die Muffins leicht auskühlen lassen, dann aus den Mulden drehen und auf einem Kuchengitter vollständig auskühlen lassen.

Lebkuchen-Brownies mit Karamell

ZUTATEN für 1 quadratische
Backform (24 x 24 cm),
16 Stück:
100 g Pekannusskerne
125 g getrocknete Sauerkirschen
125 g weiche Schoko-Karamell-
Pralinen (z. B. Werther's Original)
350 g Zartbitterschokolade
200 g Butter | 250 g Mehl
2 Prisen Salz
1 TL Lebkuchengewürz
2 Eier (M) | 200 g Zucker
Butter für die Form

ZUBEREITUNGSZEIT: 20 Min.
BACKZEIT: 25 Min.
PRO STÜCK: ca. 425 kcal

1 Den Backofen auf 175° (Umluft 160°) vorheizen, die Form mit Butter einfetten. Nüsse und Kirschen grob hacken. Die Schoko-Karamell-Pralinen halbieren oder vierteln. Schokolade und Butter in Stücke schneiden, in eine Schüssel geben und in einem heißen Wasserbad bei mittlerer Hitze unter gelegentlichem Rühren schmelzen (dabei darauf achten, dass kein Wasser in die Schokomasse spritzt), dann vom Herd nehmen.

2 Mehl, Salz und Lebkuchengewürz mischen. Die Eier und den Zucker mit einem Schneebesen verrühren, aber nicht schaumig schlagen. Die Schokomasse unterrühren, dann das Mehl untermischen und zum Schluss die Nüsse, Kirschen und Pralinen.

3 Den Teig in die Form füllen und die Oberfläche glatt drücken. Im Ofen (Mitte) ca. 25 Min. backen. Der Teig sollte obenauf fest gebacken, innen aber noch feucht sein und auf Druck nachgeben. Aus dem Ofen nehmen und gut auskühlen lassen. Dann die Gebäckplatte aus der Form lösen und in 4 cm große Quadrate schneiden.

Ingwer-Walnuss-Gugelhupf

ZUTATEN für 1 Gugelhupfform (ca. 2 l), 16 Stück:
150 g kandierter Ingwer
150 g Walnusskerne
250 g Weizenmehl (Type 405)
150 g Roggenmehl (Type 1150)
1 Pck. Backpulver
1 TL Zimtpulver
1 TL Ingwerpulver
½ TL gemahlene Muskatblüte (Macis)
4 Msp. gemahlene Nelken
4 Msp. gemahlenes Kardamom
2 TL Instant-Kaffeepulver
120 g brauner Zucker
250 g weiche Butter
100 g Honig
5 Eier (M)
150 g Sahne
180 g Puderzucker
Walnusskerne zum Verzieren (nach Belieben)
Butter für die Form

ZUBEREITUNGSZEIT: 35 Min.
BACKZEIT: 45 Min.
PRO STÜCK: ca. 435 kcal

1 Den Ingwer klein schneiden, die Walnüsse grob hacken – sie sollten nicht zu fein sein. Beide Mehlsorten, das Backpulver und die Gewürze mischen. Kaffeepulver in 7 EL heißem Wasser auflösen. Den Backofen auf 175° vorheizen, die Form mit Butter einfetten.

2 Den Zucker und die Butter mit den Quirlen des Handrührgeräts auf hoher Stufe weißlich-cremig rühren. Erst den Honig unterrühren, dann die Eier nacheinander dazugeben und jeweils gründlich unterrühren. Die Hälfte der Mehlmischung dazuschütten und mit einem Teigschaber gut unterrühren. Anschließend zügig Ingwer und Nüsse unterheben, dann 3 EL Kaffee, die Sahne und übriges Mehl.

3 Den Teig in die Form füllen, glatt streichen und im Ofen (unten, Umluft 160°) ca. 45 Min. backen, eventuell gegen Ende der Backzeit mit Backpapier abdecken. Gugelhupf aus dem Ofen nehmen und leicht abkühlen lassen, dann aus der Form auf ein Kuchengitter stürzen und vollständig auskühlen lassen.

4 Den Puderzucker mit übrigem Kaffee verrühren und den Kuchen damit überziehen, den Guss fest werden lassen. Wer möchte, kann den Gugelhupf noch mit Walnüssen verzieren – einfach in den noch feuchten Guss setzen.

AROMAVARIANTE – Guss mit Cognac-Note
Hierfür den Puderzucker einfach mit 2–3 EL Kaffee (Instant-Kaffeepulver in Wasser aufgelöst) und 2 EL Cognac anrühren.

UND DAZU – wärmender Gewürzkaffee
Dazu die dünn abgeschälte Schale von je ½ Bio-Orange und Bio-Zitrone, 1 Zimtstange, 4 Nelken, 5 EL Zucker und je 8 EL Orangenlikör und Cognac in einem Topf verrühren, bis sich der Zucker fast vollständig gelöst hat. Die Mischung vorsichtig mit einem langen Streichholz anzünden. Sobald die Flamme erloschen ist, ½ l frisch gebrühten Kaffee dazugießen. Umrühren, dann den Kaffee durch ein feines Sieb auf Tassen verteilen. Jeweils einen kleinen Klecks nur leicht steif geschlagene Sahne daraufgeben und mit etwas Zimtpulver bestreuen.

Sirup-Lebkuchen-Schnitten

ZUTATEN für 1 tiefes Backblech (ca. 20 Stück):
100 g Kürbiskerne
100 g Haselnüsse
120 g getrocknete Feigen
50 g gewürfeltes Orangeat
500 g Mehl
1 Pck. Backpulver
½ TL gemahlene Nelken
½ TL Zimtpulver
1 TL Ingwerpulver
1 Bio-Orange
1 ½ TL Hirschhornsalz
200 ml Milch
225 g Zuckerrübensirup
1 EL Honig (mit kräftigem Aroma, z. B. Wald- oder Tannenhonig)
2 Eier (M)
200 g Zucker
50 g Puderzucker
100 g Zartbitterkuvertüre
2 EL Butter
Butter und Mehl für das Blech

ZUBEREITUNGSZEIT: 45 Min.
BACKZEIT: 25 Min.
ABKÜHLZEIT: 2 Std.
PRO STÜCK: ca. 300 kcal

1 Kürbiskerne und Haselnüsse nacheinander in einer Pfanne ohne Fett so lange rösten, bis sie duften. Herausnehmen und abkühlen lassen, dann grob hacken. Inzwischen Feigen in Stückchen schneiden, Orangeat nach Belieben klein hacken. Mehl, Backpulver und Gewürze mischen. Orange heiß waschen und abtrocknen, Schale fein abreiben und Saft auspressen.

2 Backofen auf 175° (Umluft 160°) vorheizen. Ein tiefes Backblech mit Butter einfetten und mit Mehl bestäuben, überschüssiges Mehl abschütteln. Hirschhornsalz mit der Milch verrühren, bis es sich völlig aufgelöst hat.

3 Rübensirup, Honig, Orangenschale und Eier in einer Schüssel mit den Quirlen des Handrührgeräts dick-cremig rühren, dabei nach und nach den Zucker einrieseln lassen. Die Mehlmischung gründlich unterrühren, dann Milch und Orangensaft zügig unter den Teig rühren. Kerne, Nüsse, Feigen und Orangeat unterheben. Teig aufs Blech geben und glatt streichen. Im Ofen (Mitte) 20–25 Min. backen. Sollte der Kuchen bereits nach gut der Hälfte der Backzeit bräunen, mit Backpapier abdecken. Fertigen Kuchen aus dem Ofen nehmen und abkühlen lassen.

4 Für die Glasur 75 ml Wasser und den Puderzucker in einem Topf unter Rühren bei mittlerer Hitze erwärmen, bis sich der Zucker vollständig gelöst hat, dann vom Herd nehmen. Die Kuvertüre in kleine Stückchen hacken, in das Zuckerwasser geben und darin unter Rühren schmelzen (eventuell bei kleiner Hitze auf dem Herd, die Flüssigkeit aber keinesfalls zu heiß werden lassen). Mit einem Schneebesen so lange kräftig verrühren, bis sich Wasser und Kuvertüre gut verbinden. Die Butter dazugeben und ebenfalls kräftig unterrühren. Guss auf dem Kuchen verstreichen und mindestens 2 Std. an einem kühlen Ort fest werden lassen – er bleibt aber leicht cremig.

TIPP – so geht der Kuchen schön auf

Backpulver und Hirschhornsalz sind beides sogenannte „Backtriebmittel", die Teige aufgehen lassen. Werden sie wie hier zusammen verwendet, muss man darauf achten, dass sie nicht in direkten Kontakt miteinander geraten – daher unbedingt die angegebene Verwendungsreihenfolge einhalten. Ist der Teig dann gerührt, sollte er nicht lange stehen, sondern zügig in den Ofen. Nur so können die beiden „Geh-Hilfen" ihre Wirksamkeit optimal entfalten. Übrigens: Der scharfe Ammoniakgeruch des Hirschhornsalzes verschwindet beim Backen.

Gebrannter-Mandel-Nuss-Kuchen

ZUTATEN für 1 tiefes Backblech (ca. 20 Stück):

Für den Belag:
200 g Mandeln
150 g Haselnüsse
120 g Zucker
200 g Sahne
6 EL Amaretto (ersatzweise 6 EL Sahne und 1 Fläschchen Bittermandelaroma)
3 Msp. Zimtpulver
100 g gemahlene Mandeln

Für den Teig:
250 g weiche Butter
150 g Zucker
5 Eier (M)
450 g Mehl
1 Pck. Backpulver
2 Prisen Salz
225 ml Milch
Butter für das Blech

ZUBEREITUNGSZEIT: 50 Min.
BACKZEIT: 25 Min.
PRO STÜCK: ca. 445 kcal

1 Für den Belag Mandeln und Haselnüsse in einer Pfanne ohne Fett bei mittlerer bis großer Hitze rösten, bis sie bräunen und fein duften. Aus der Pfanne nehmen, abkühlen lassen und eventuell etwas von den Schalen abreiben (dazu einfach in ein Küchentuch einschlagen und kräftig gegeneinanderreiben), dann grob hacken. Zucker in eine große Pfanne streuen und bei mittlerer Hitze goldbraun karamellisieren lassen. Die Sahne dazugießen und unter Rühren bei großer Hitze so lange kochen, bis sich der Karamell vollständig gelöst hat. Den Amaretto und Zimt dazugeben, 1 Min. weiterkochen. Vom Herd nehmen und zwei Drittel der gehackten Mandeln und Haselnüsse sowie die gemahlenen Mandeln unterrühren.

2 Den Backofen auf 200° (Umluft 180°) vorheizen. Für den Teig die Butter mit den Quirlen des Handrührgeräts cremig rühren, dabei nach und nach den Zucker dazugeben. So lange rühren, bis sich der Zucker aufgelöst hat und die Masse ganz hell ist. Dann die Eier nacheinander unter die Buttercreme rühren, immer so lange, bis sich alles schön verbunden hat. Mehl, Backpulver und Salz mischen und zur Eier-Butter-Masse geben. Langsam unterrühren, dabei nach und nach die Milch dazugießen.

3 Ein tiefes Backblech an den Ecken mit wenig Butter einfetten – so lässt sich das Backpapier gut hineinlegen – und mit Backpapier auslegen. Den Teig einfüllen und glatt streichen. Die Nussmasse gleichmäßig darauf verteilen und ganz leicht mit einer Gabel unter den Teig ziehen. Mit den restlichen gehackten Mandeln und Haselnüssen bestreuen. Dann den Kuchen im Ofen (Mitte) 20–25 Min. backen, bis er schön gebräunt ist. Er schmeckt am besten ganz frisch, fast noch leicht warm.

VARIANTE – mit Resten aus dem Nuss-Vorratsschrank
Auch mit anderen Nüssen sowie mit Kernen und Samen ist dieser Kuchen ein Gedicht und eignet sich daher prima, angebrochene Packungen von der Weihnachtsbäckerei aufzubrauchen. Anstelle von ganzen Haselnüssen und Mandeln passen etwa Pekan- oder Walnüsse, eventuell auch ein paar Löffel Sesamsamen, Sonnenblumen- oder Kürbiskerne – wichtig ist nur, dass die Gesamtnussmenge ungefähr gleich bleibt.

Mandel-Kumquat-Cantuccini

ZUTATEN für ca. 50 Stück:
150 g Mandeln
80 g kandierte Kumquats (ersatzweise kandierte Orangen oder Orangeat)
2 Eier (M)
1 Pck. Vanillezucker
150 g Zucker
250 g Mehl
fein abgeriebene Schale von ½ Bio-Orange
Mehl zum Arbeiten

ZUBEREITUNGSZEIT: 30 Min.
BACK- UND RÖSTZEIT: 42 Min.
PRO STÜCK: ca. 55 kcal

1 Den Backofen auf 200° (Umluft 180°) vorheizen, ein Backblech mit Backpapier auslegen. Mandeln nur ganz grob hacken, auf das Blech geben und im Ofen (oben) 10 Min. rösten. Herausnehmen und kurz abkühlen lassen. Die Ofentemperatur auf 180° (Umluft 160°) reduzieren.

2 Die Kumquats fein hacken. Eier und Vanillezucker in einer Schüssel mit den Quirlen des Handrührgeräts dickcremig schlagen, dabei nach und nach den Zucker einrieseln lassen. Mehl, Orangenschale, Mandeln und die Kumquats unterkneten. Teig dritteln und auf einer bemehlten Arbeitsfläche zu drei ca. 25 cm langen Rollen formen. Diese mit ein wenig Abstand zueinander aufs Blech legen und im Ofen (Mitte) 18–20 Min. backen.

3 Gebäckstangen aus dem Ofen nehmen, leicht abkühlen lassen. Ofentemperatur auf 160° (Umluft 140°) reduzieren. Gebäckstangen in gut 1cm dicke Scheiben schneiden und mit jeweils einer Schnittfläche aufs Blech legen. Im Ofen (Mitte) 10–12 Min. trocknen lassen, dabei einmal wenden. Herausnehmen, auskühlen lassen. In einer luftdicht verschlossenen Dose halten sich die Cantuccini mehrere Wochen. Sie passen perfekt zu einem Glas Vin santo, in den man sie einstippt.

Aprikosen-Vanille-Florentiner

ZUTATEN für ca. 24 Stück:
100 g getrocknete Aprikosen
80 g Sahne
50 g Butter
50 g Zucker
1 EL Honig
Mark von 1 Vanilleschote
50 g gehackte, gehäutete Mandeln
100 g Mandelblättchen
1 gehäufter EL Mehl
80 g weiße Kuvertüre oder Zartbitterkuvertüre

ZUBEREITUNGSZEIT: 25 Min.
KÜHLZEIT: 1 Std.
BACKZEIT: 12 Min.
PRO STÜCK: ca. 105 kcal

1 Aprikosen in Würfelchen schneiden. Sahne, Butter, Zucker, Honig und Vanillemark in einem Topf unter Rühren aufkochen. Aprikosen, Mandeln und Mehl unterrühren, alles 1 Min. unter Rühren kochen lassen. Vom Herd nehmen, kurz abkühlen lassen, dann 1 Std. in den Kühlschrank stellen.

2 Den Backofen auf 175° (Umluft 160°) vorheizen, ein Backblech mit Backpapier auslegen. Nach und nach je 1 knappen TL Mandelmasse mit der Hilfe eines zweiten Löffels als Häufchen aufs Blech setzen und leicht platt drücken, dabei mindestens 4–5 cm Abstand zum nächsten Häufchen lassen. Im Ofen (oben) in 10–12 Min. goldbraun backen.

3 Aus dem Ofen nehmen, kurz abkühlen lassen. Dann auf jedes warme Plätzchen den flachen Boden eines Glases drücken und auf diese Weise schöne runde Florentiner formen. Vom Blech nehmen und umgedreht auf einem Kuchengitter auskühlen lassen. Kuvertüre fein hacken und in einer kleinen Schüssel über einem heißen Wasserbad schmelzen. Die Böden der Florentiner dünn mit der Kuvertüre einpinseln, trocknen lassen.

Panforte – Gewürzkuchen auf italienische Art

ZUTATEN für 1 Springform (20 cm Ø), ca. 20 Stück:
200 g Mandeln
50 g Haselnüsse
200 g kandierte Früchte (ganz besonders gut sind: kandierte Melonen, Orangen und Kumquats; ersatzweise Zitronat und Orangeat)
75 g Mehl
1 TL Zimtpulver
je ½ TL gemahlene Nelken, gemahlener Koriander und Anis (ersatzweise 1 ½ TL Lebkuchengewürz)
je ¼ TL gemahlenes Piment und frisch gemahlene Muskatnuss
⅓ TL grob gemahlener schwarzer Pfeffer
180 g Honig (mit kräftigem Aroma, z. B. Waldhonig)
180 g Zucker
Puderzucker zum Bestäuben

ZUBEREITUNGSZEIT: 30 Min.
BACKZEIT: 25 Min.
RUHEZEIT: 7 Tage
PRO STÜCK: ca. 180 kcal

1 Den Backofen auf 200° (Umluft 180°) vorheizen. Mandeln und Haselnüsse auf ein Backblech legen und im Ofen (oben) ca. 10 Min. rösten, bis sie leicht bräunen. Das Blech herausnehmen und die Ofentemperatur auf 150° (Umluft 130°) herunterschalten. Mandeln und Haselnüsse ein wenig abkühlen lassen.

2 Inzwischen die Früchte in kleine Würfelchen schneiden. Das Mehl und die Gewürze mischen. Den Boden der Springform mit Backpapier auslegen (dazu am besten mit dem Ring einspannen). Sollten die Haselnüsse sehr gebräunt sein, eventuell in ein Küchentuch einschlagen und kräftig gegeneinanderreiben, sodass die Häute entfernt werden. Die Mandeln und Haselnüsse ganz grob hacken, am besten sogar nur halbieren.

3 Den Honig und Zucker in einem Topf bei mittlerer Hitze unter gelegentlichem Rühren so lange erhitzen, bis sich der Zucker aufgelöst hat. Früchte gut unterrühren, dann den Topf vom Herd nehmen. Mandeln, Haselnüsse und Mehl dazugeben und alles zügig, aber gründlich untermengen. Die Masse sofort in die Form füllen und mit einem Löffel glatt drücken (dazu den Löffel immer wieder kurz in Wasser tauchen, damit nichts festklebt) – dabei rasch arbeiten, da die Masse sehr schnell fest wird.

4 Die Form in den Ofen (Mitte) schieben und den Panforte 20–25 Min. backen. Das Gebäck ist dann noch feucht und der Rand leicht karamellisiert. Aus dem Ofen nehmen und auskühlen lassen.

5 Panforte rundherum mit einem Messer vom Formrand lösen und aus der Form nehmen (dabei am besten auf dem Backpapier lassen). Bevor man den Kuchen anschneidet, sollte er 5–7 Tage durchziehen, damit er weich wird. Dazu in eine Dose (eventuell mit 2 Apfelschnitzen) legen oder in Alufolie einwickeln. Wenn er schön durchgezogen ist, oder kurz bevor man ihn verschenken möchte, noch dick mit Puderzucker bestäuben. Man isst Panforte eher als Süßigkeit (also den Kuchen in kleine Tortenstücke schneiden) – am besten zu Kaffee oder Tee.

Aromatisches Quittengelee und Quittenkonfekt

1 Wein mit 1 l Wasser in einen großen Topf geben. 1 Zitrone heiß waschen und die Schale hauchdünn abschälen, den Saft auspressen. Beides mit in den Topf geben. Flaum von den Quitten mit einem Küchentuch gut abreiben, Quitten waschen, vierteln, entkernen. Die Viertel in dünne Scheiben schneiden und sofort in den Topf geben (sonst werden sie braun). Alles zum Kochen bringen und zugedeckt 1 Std.–1 Std. 30 Min. bei mittlerer Hitze kochen lassen, bis die Quitten zerfallen.

2 Ein großes Sieb mit einem Küchentuch auslegen und in eine Schüssel hängen. Quitten hineingießen, Sud auffangen, Früchte gut abtropfen lassen (eventuell das Tuch leicht zusammendrehen, der ablaufende Sud sollte klar bleibt, sonst wird das Gelee trüb).

3 Für das Gelee übrige Zitrone auspressen. Den Quittensud abmessen (es sollten ¾ l sein) und mit der gleichen Menge Einmachzucker und dem Zitronensaft in den Topf geben. Unter Rühren zum Kochen bringen und 4–5 Min. sprudelnd kochen lassen, bis die Flüssigkeit zu gelieren beginnt – wenn man einen Tropfen davon auf einen Teller gibt, sollte er sofort erstarren. Nach Belieben Kirschwasser unterrühren. Quittengelee sofort in sauber ausgespülte, abgetrocknete Twist-off-Gläser geben, verschließen und auskühlen lassen. Den Topf säubern.

4 Für das Quittenkonfekt die Zitronenschale aus den gekochten Quitten entfernen. Quitten durch ein Passiergerät drücken oder mit einem Pürierstab pürieren. Das Quittenpüree abwiegen (es sollten 500–600 g sein) und mit der gleichen Menge Zucker in den Topf geben. Unter Rühren erhitzen und 15–30 Min. unter ständigem Rühren kochen lassen, bis die Masse die Konsistenz von dickem Apfelmus hat – sollte sie zu dick sein, wenig Wasser einrühren, sollte sie zu dünn sein, länger kochen. Mit dem Zimt und nach Belieben dem Orangenlikör abschmecken.

5 Eine flache hitzebeständige Form (ca. 25 x 30 cm) mit Backpapier auslegen. Das Quittenmus hineingießen und ca. 1 cm dick ausstreichen. In den Ofen stellen (Mitte) und bei 90° (ideal: Umluft 75°) 6–7 Std. trocknen lassen, dann im ausgeschalteten Ofen in ca. 12 Std. – am besten über Nacht – auskühlen lassen. Das Quittenkonfekt in kleine Rechtecke schneiden, in Zucker wälzen. In einer gut verschließbaren Dose hält es sich 3–4 Wochen.

ZUTATEN für 3 Twist-off-Gläser Gelee (je ca. 225 ml) und ca. 100 Stück Konfekt:
200 ml Weißwein (ersatzweise Wasser)
2 Bio-Zitronen
1 kg Quitten
750 g Einmachzucker
2 EL Kirschwasser (nach Belieben)
500–600 g Zucker
2–3 Msp. Zimtpulver
2 EL Orangenlikör (nach Belieben)
Zucker zum Wälzen

ZUBEREITUNGSZEIT: 1 Std. 30 Min.
KOCHZEIT: 1 Std. 30 Min.
TROCKEN- UND AUSKÜHLZEIT: 19 Std.
PRO GLAS GELEE: ca. 1995 kcal
PRO STÜCK KONFEKT: ca. 60 kcal

Schokotaler mit Orangen und Pistazien

ZUTATEN für ca. 20 Stück:
1 große Bio-Orange
100 g Zucker
2 EL Pistazienkerne
100 g Zartbitterkuvertüre
100 g Vollmilchkuvertüre
1 Prise Lebkuchengewürz

ZUBEREITUNGSZEIT: 50 Min.
PRO STÜCK: ca. 85 kcal

1 Orange heiß waschen, aus der Mitte 5 dünne Scheiben herausschneiden, Enden wegwerfen, eventuell Kerne vorsichtig aus den Scheiben drücken. Zucker und 120 ml Wasser in einem Topf unter Rühren aufkochen, bis sich der Zucker gelöst hat. Orangenscheiben in den Sirup geben und ca. 5 Min. sprudelnd mitkochen lassen. Mit einer Gabel herausheben und auskühlen lassen, anschließend jede Scheibe vierteln. Pistazien grob hacken.

2 Die Kuvertüre grob hacken, 2 EL davon beiseitelegen, den Rest in einer kleinen Schüssel über einem heißen Wasserbad unter Rühren schmelzen. Vom Herd nehmen, übrige Kuvertüre und Lebkuchengewürz unterrühren (das sorgt für einen schönen Glanz), 2–3 Min. abkühlen lassen.

3 Ein Backblech mit Backpapier auslegen. Nach und nach je 1 großen EL Kuvertüre auf das Blech geben und rund und nicht zu dünn verstreichen. Je 1 Orangenviertel auf jeden Schokokreis setzen und etwas eindrücken, einige Pistazien aufstreuen. Taler auskühlen lassen, vom Papier ablösen und in einer gut verschließbaren Dose aufbewahren. Haltbarkeit: ca. 2 Wochen.

Beschwipste Aprikosen-Marzipan-Datteln

ZUTATEN für 15 Stück:
80 g getrocknete Aprikosen
3–4 EL frisch gepresster Orangensaft
6 EL Orangenlikör
1 EL gewürfeltes Orangeat
100 g Marzipanrohmasse
1 Msp. gemahlenes Kardamom
1 Msp. Zimtpulver
15 getrocknete Medjool-Datteln
3–4 EL Kokosraspel zum Wälzen

ZUBEREITUNGSZEIT: 30 Min.
MARINIERZEIT: 12 Std.
PRO STÜCK: ca. 90 kcal

1 Aprikosen in Würfelchen schneiden, mit 3 EL Orangensaft und dem Likör in eine kleine Schüssel geben und 12 Std. (am besten über Nacht) marinieren lassen. Am nächsten Tag das Orangeat möglichst fein hacken. Aprikosen samt Marinade in einem elektrischen Blitzhacker fein pürieren, Marzipan dazugeben, kurz mitpürieren (eventuell noch etwas Saft dazugeben), mit den Gewürzen abschmecken und das Orangeat unterrühren.

2 Die Datteln längs einschneiden, entkernen und leicht aufdrücken. Aus der Marzipanmasse mit angefeuchteten Händen 15 Röllchen in Länge der Datteln formen. Kokosraspel in einen tiefen Teller geben.

3 Je 1 Marzipanröllchen in jede Dattel legen und diese leicht zusammendrücken. Die nun überstehenden Marzipanhäubchen glatt streichen, leicht anfeuchten und in die Kokosraspeln drücken. Die Datteln in einer gut verschließbaren Dose aufbewahren und möglichst frisch genießen.

Zitrus-Ingwer-Sirup mit Gewürzen

ZUTATEN für 1 Flasche (ca. 200 ml):
3–4 Blutorangen
1 Bio-Zitrone
1 Bio-Limette
1 Stück Ingwer (ca. 5 cm)
200 g weißer Kandiszucker
6 Nelken
1 Zimtstange

ZUBEREITUNGSZEIT: 20 Min.
PRO FLASCHE: ca. 1075 kcal

1 Den Saft der Orangen auspressen. Zitrone und Limette heiß waschen und halbieren. Je 1 Limetten- und Zitronenhälfte in dicke Scheiben schneiden, die übrigen Hälften auspressen. Den Ingwer schälen und fein würfeln.

2 Orangen-, Limetten- und Zitronensaft (es sollten insgesamt ¼ l Saft sein) mit Ingwer, Kandis und Gewürzen in einen Topf geben. Unter gelegentlichem Rühren 7–10 Min. bei mittlerer Hitze kochen lassen, bis sich der Kandis vollständig gelöst hat.

3 Limetten- und Zitronenscheiben dazugeben, alles bei großer Hitze 2–3 Min. sprudelnd einkochen lassen. Durch ein feines Sieb in eine sauber ausgespülte, abgetrocknete Flasche füllen und sofort verschließen. Der Sirup schmeckt in Tee und Punsch oder einfach aufgegossen mit Mineralwasser oder Sekt.

VARIANTE – Glühweinsirup
Für ca. ¼ l Sirup ½ Bio-Zitrone heiß waschen und in Scheiben schneiden, 5 grüne Kardamomkapseln in einem Mörser leicht zerquetschen. Beides mit 1 l trockenem Rotwein, ¼ l Wasser, 2 Zimtstangen, 10 Nelken und 5 Sternanisen in einen großen Topf geben und langsam zum Kochen bringen, dann bei kleiner Hitze ca. 20 Min. zugedeckt ziehen lassen. Zitronenscheiben entfernen und den frisch gepressten Saft von 4 Orangen und 500 g Zucker zum Gewürzwein in den Topf geben. Unter Rühren aufkochen, bis sich der Zucker gelöst hat, dann bei großer Hitze in ca. 20 Min. zu einem Sirup einkochen. Durch ein Sieb in eine sauber ausgespülte, abgetrocknete Flasche gießen und sofort verschließen. Der Glühweinsirup schmeckt in Tee, gemischt mit frisch gepresstem heißem Orangensaft oder als Adventsaperitif mit gekühltem Wein oder Sekt aufgegossen.

Fein gewürzter Bratapfellikör

ZUTATEN für 1 Flasche (ca. 600 ml):
4 kleine, festfleischige Bio-Äpfel (z. B. Cox Orange oder Holsteiner Cox)
2 EL Zucker
200 g weißer Kandiszucker
1 Vanilleschote
½ Bio-Orange
½ Bio-Zitrone
2 Zimtstangen
2 Sternanise
3 Nelken
¾ l Korn

ZUBEREITUNGSZEIT: 30 Min.
MARINIERZEIT: 1 Monat
PRO FLASCHE: ca. 1995 kcal

1 Den Backofen auf 200° (Umluft 180°) vorheizen. Äpfel waschen, Kerngehäuse mit einem Kerngehäuseausstecher oder Messer von den Stielenden her herauslösen, dabei die Äpfel nicht ganz durchstechen oder bohren. Den Zucker in die Aushöhlungen streuen. Äpfel mit den Öffnungen nach oben in eine hitzebeständige Form setzen. Im Ofen (Mitte) ca. 15 Min. garen, bis sie feine Risse bekommen, aber noch nicht aufplatzen oder zu weich werden – sie sollten die Form behalten. Aus dem Ofen nehmen, abkühlen lassen.

2 Den Kandis in ein großes, weites, verschließbares (Bügel-)Glas geben. Vanilleschote längs aufschlitzen und das Mark herauskratzen. Orange und Zitrone heiß waschen und die Schalen hauchdünn abschälen. Vanilleschote und -mark, Zitrusschalen und Gewürze auf dem Kandis verteilen, die abgekühlten Äpfel darauflegen und alles mit Korn begießen. Glas verschließen und den Ansatz an einem warmen Ort 1 Monat durchziehen lassen, dabei ab und zu durchschütteln.

3 Wenn sich der ganze Kandis aufgelöst hat, den fertigen Likör durch ein feines Sieb in eine sauber ausgespülte, abgetrocknete Flasche füllen und sofort verschließen. Der Bratapfellikör hält sich bis zu 1 Jahr.

Kandis in Chai-Gewürz-Rum

ZUTATEN für 2 Twist-off-Gläser (je ca. 200 ml):
20 grüne Kardamomkapseln
16 Nelken
2 Zimtstangen
1 Stück Ingwer (ca. 8 cm)
180 ml brauner Rum
180 g Zucker
300 g brauner Kandiszucker

ZUBEREITUNGSZEIT: 20 Min.
MARINIERZEIT: 8 Tage
PRO GLAS: ca. 1240 kcal

1 Von den Gewürzen 4 Kardamomkapseln, 4 Nelken und 1 Stange Zimt abnehmen, Zimtstange halbieren. Die übrigen Gewürze in einem Mörser grob zerstoßen. Ingwer schälen, 2 Scheiben (ca. 5 mm dick) abschneiden und sehr gut abgedeckt beiseitelegen, Rest im Mörser grob zerquetschen.

2 Zerstoßene Gewürze in einem Topf bei mittlerer Hitze rösten, bis sie leicht zu duften beginnen. Topf vom Herd nehmen, den Rum dazugießen, Zucker und zerquetschten Ingwer dazugeben. Topf wieder auf den Herd stellen und alles bei kleiner Hitze 3–5 Min. ganz leicht sieden lassen. Vom Herd nehmen, auskühlen und zugedeckt 1 Tag durchziehen lassen.

3 Dann den Kandis mit den beiseitegelegten Gewürzen und den Ingwerscheiben in sauber ausgespülte, abgetrockneten Twist-off-Gläser schichten. Den Würzsirup durch ein feines Sieb darübergießen, dabei die Gewürze gut ausdrücken. Kandis im Gewürzsud mindestens 1 Woche durchziehen lassen. Schmeckt als würzige Süße in heißem Tee. Haltbarkeit: ca. 1 Jahr.

Winterfrüchtchen in Orangen-Vanille-Wodka

ZUTATEN für 2 Twist-off-Gläser (je ca. ¾ l):
250 g Bio-Kumquats
200 g Zucker
frisch gepresster Saft von 1 Orange
1 Vanilleschote
6 grüne Kardamomkapseln
1 Zimtstange
150 g getrocknete (Mini-)Feigen
150 g getrocknete Aprikosen
2 Sternanise
100 ml Orangenlikör
400–500 ml Mandarinen-Wodka (ersatzweise normaler Wodka)

ZUBEREITUNGSZEIT: 30 Min.
MARINIERZEIT: 1 Monat
PRO GLAS: ca. 1495 kcal

1 Kumquats heiß waschen und mit einer Nadel rundherum mehrmals einstechen. Zucker mit 350 ml Wasser in einen Topf geben, Orangensaft durch ein Sieb dazugießen. Vanilleschote längs aufschlitzen, Mark herauskratzen und samt Schote in den Topf geben. Alles unter Rühren aufkochen, bis sich der Zucker gelöst hat. Kumquats hineingeben, bei mittlerer Hitze 12–15 Min. kochen, bis die Schale weich ist. In der Zeit Kardamomkapseln zwei- bis dreimal mit einem Messer einstechen, die Zimtstange halbieren.

2 Kumquats mit einem Schaumlöffel aus dem Kochsud heben und sofort abwechselnd mit Feigen, Aprikosen, Zimtstange, Sternanisen und Kardamomkapseln in die sauber ausgespülten Twist-off-Gläser schichten. Den Kochsud nochmals bei großer Hitze aufkochen und in 3–5 Min. um etwa ein Drittel einkochen. Heiß samt Vanilleschote in den Gläsern verteilen.

3 Orangenlikör und 400 ml Wodka mischen und die Früchte damit aufgießen. Die Gläser sofort verschließen. Die Früchte an einem dunklen Ort 1 Monat durchziehen lassen, dabei eventuell noch Wodka nachgießen, da die Früchte nach und nach aufquellen und Flüssigkeit aufsaugen. Sie schmecken zu Eis, Grießbrei oder Grießflammeri (siehe Seite 100).

Maronen in Würzsirup

ZUTATEN für 2 Twist-off-Gläser (je ca. 450 ml):
500 g Maronen (Esskastanien)
1 Bio-Orange
1 Bio-Zitrone
½ Vanilleschote
1 Zimtstange
5 Nelken
300 g Zucker
300 ml Brandy (mindestens 40 Vol. %)

ZUBEREITUNGSZEIT: 35 Min.
MARINIERZEIT: 2 Wochen
PRO GLAS: ca. 1385 kcal

1 Backofen auf 220° (Umluft 200°) vorheizen. Maronen an den gewölbten Seiten kreuzförmig einschneiden. Mit den flachen Seiten auf ein Backblech legen und im Ofen (Mitte) 15–20 Min. rösten, bis die Schalen aufspringen.

2 Inzwischen Orange und Zitrone heiß waschen und die Schalen möglichst dünn mit einem Sparschäler in langen Streifen abziehen. Die Schalen quer in 2–3 mm dicke Streifchen schneiden. Die Vanilleschote längs aufschlitzen, das Mark herauskratzen. Alles mit Zimtstange, Nelken, Zucker und 300 ml Wasser in einem Topf unter Rühren aufkochen und 5 Min. sprudelnd kochen lassen, die Vanilleschote entfernen.

3 Maronen möglichst noch heiß aus den Schalen und Häuten lösen, gut abreiben und in den sauber ausgespülten Twist-off-Gläsern verteilen. Erst den heißen Sirup, dann den Brandy über die Maronen gießen. Die Gläser sofort verschließen. Die Maronen auskühlen und mindesten 2 Wochen durchziehen lassen. Die Maronen schmecken zu Eis, Ofenmilchreis (siehe Seite 89) oder einfach so zu Kaffee.

Saftige Früchtebrote

ZUTATEN für 5 Brote:
250 g getrocknete Birnen (Hutzeln, Kletzen)
250 g getrocknete Pflaumen
250 g getrocknete Feigen
200 g getrocknete Aprikosen
250 g Weizenmehl (Type 1050)
250 g Roggenmehl (Type 1150)
1 TL Salz
1 Pck. Trockenhefe (für 500 g Mehl)
1 Beutel Natursauerteig (für 500 g Mehl)
250 g Rosinen
125 g Korinthen
3 EL Kirschwasser (nach Belieben)
100 g gewürfeltes Zitronat
100 g gewürfeltes Orangeat
150 g gehäutete Mandeln
150 g Haselnüsse
170 g Zucker
¾ TL gemahlene Nelken
1 TL Zimtpulver
Mehl zum Arbeiten

ZUBEREITUNGSZEIT: 1 Std. 15 Min.
EINWEICHZEIT: 12 Std.
RUHEZEIT: 1 Std. 15 Min.
BACKZEIT: 1 Std.
PRO BROT: ca. 1625 kcal

1 Die Birnen und Pflaumen getrennt, die Feigen zusammen mit den Aprikosen in Schüsseln geben und mit jeweils gut ½ l Wasser begießen. Abgedeckt 12 Std. (am besten über Nacht) einweichen lassen.

2 Am nächsten Tag die Birnen samt Einweichwasser in einen Topf geben und 10–15 Min. bei mittlerer Hitze kochen, bis sie weich sind. Birnen im Kochwasser lauwarm abkühlen lassen. Dann wie auch die übrigen Früchte nacheinander in ein Sieb gießen und gut abtropfen lassen, dabei das Einweichwasser getrennt auffangen.

3 Beide Mehlsorten in einer Schüssel mit Salz und Hefe mischen, Sauerteig und 300 ml lauwarmes Birnenkochwasser dazugeben (eventuell noch etwas Feigen-Aprikosen-Einweichwasser daruntermischen). Alles mit den Knethaken des Handrührgeräts zu einem eher festen Teig verkneten, dann noch 5 Min. kräftig von Hand kneten. Den Teig zur Kugel formen und mit einem Küchentuch abgedeckt 45 Min. an einem warmen Ort gehen lassen.

4 Rosinen und Korinthen nach Wunsch mit Kirschwasser mischen. Die abgetropften Früchte mit den Händen vorsichtig ausdrücken, die Birnen halbieren oder vierteln. Alles mit Zitronat und Orangeat, Mandeln, Haselnüssen, 150 g Zucker und den Gewürzen unter den Teig kneten. Dabei eventuell noch ein wenig Mehl unterarbeiten– aber nicht zu viel, der Teig darf weich und klebrig sein. In eine mit Mehl ausgestreute Schüssel geben und weitere 30 Min. zugedeckt gehen lassen.

5 Den Backofen auf 175° vorheizen und zwei Backbleche mit Backpapier auslegen. Den Teig kurz durchkneten und in fünf gleich große Portionen teilen. Daraus jeweils mit gut bemehlten Händen kleine Brotlaibe formen und auf die Bleche legen. Die Laibe mit den Händen mit Pflaumeneinweichwasser einreiben und glatt formen.

6 Die Bleche nacheinander in den Ofen (unten, Umluft 160°) schieben und die Brote ca. 1 Std. backen, dabei jeweils nach 20 Min. Backzeit mit Pflaumeneinweichwasser bepinseln – beim letzten Mal ca. 1 TL Zucker unter 3–4 EL Einweichwasser rühren, so erhalten die Brote einen schönen Glanz. Die Brote aus dem Ofen nehmen und auf einem Kuchengitter auskühlen lassen. In Alufolie verpackt halten die Brote gut 2–3 Wochen.

Väterchen Frost

Luciabrötchen mit Safran

ZUTATEN für 8 Stück:
200–230 ml Milch
3 Msp. gemahlener Safran
¾ Würfel Hefe (ca. 30 g)
100 g Zucker
500 g Mehl
¾ TL gemahlener Kardamom
1 Prise Salz
50 g weiche Butter
80 g gehackte, gehäutete Mandeln
16 Rosinen
1 Eigelb (M)
Hagelzucker zum Bestreuen
Mehl zum Arbeiten

ZUBEREITUNGSZEIT: 30 Min.
RUHEZEIT: 1 Std. 30 Min.
BACKZEIT: 25 Min.
PRO STÜCK: ca. 405 kcal

1 Die Milch mit Safran in einem Topf unter Rühren aufkochen, dann lauwarm abkühlen lassen. Hefe zerbröckeln, mit 1 TL Zucker und 100 ml Safranmilch in einer kleinen Schüssel verrühren. Den Hefeansatz 15 Min. zugedeckt an einem warmen Ort gehen lassen.

2 Mehl, restlichen Zucker, Kardamom und Salz in einer Schüssel mischen, die Butter in Flöckchen am Rand verteilen. Hefeansatz und übrige Safranmilch (möglichst noch lauwarm) nach und nach dazugeben und alles mit den Knethaken des Handrührgeräts durchkneten, bis ein weicher, elastischer Teig entstanden ist. Dann den Teig weitere 6–8 Min. kräftig von Hand kneten, zu einer Kugel formen und in der mit Mehl ausgestäubten Schüssel zugedeckt 45 Min. gehen lassen.

3 Ein Backblech mit Backpapier auslegen. Die Mandeln zum Teig geben, nochmals durchkneten. Teig in acht gleich große Stücke teilen. Jedes Teigstück zu einem 15–18 cm langen Strang formen und diesen von den Enden her so einrollen, dass ein s-förmiges Brötchen entsteht, leicht festdrücken. Die Brötchen aufs Blech legen und jeweils 2 Rosinen hineinstecken. Die Brötchen zugedeckt nochmals 30 Min. gehen lassen. Den Backofen auf 200° (Umluft 180°) vorheizen.

4 Eigelb verquirlen und die Brötchen damit bestreichen, mit Hagelzucker bestreuen. Im Ofen (Mitte) in ca. 25 Min. goldbraun backen. Auf einem Kuchengitter auskühlen lassen und möglichst frisch essen.

UND DAZU – Julglögg

Zu den schwedischen Luciabrötchen schmeckt ein schwedischer Weinpunsch. Für 4–6 Gläser die Samen von 6 grünen Kardamomkapseln in einem Mörser zerstoßen und mit 1 Zimtstange, 8 Nelken und 1 l Rotwein in einem Topf langsam erhitzen, bis der Wein leicht zu köcheln beginnt. 20 gehäutete Mandeln und 60 g Rosinen dazugeben und alles zugedeckt bei kleinster Hitze 20 Min. ziehen lassen. In einem zweiten Topf 20 Würfelzucker mit 150 ml Weinbrand (mindestens 54 Vol. %) übergießen und anzünden. Wenn der Zucker geschmolzen ist, den Weinbrand zu dem Wein geben, nochmals 15 Min. ziehen lassen, dann möglichst heiß servieren.

Zanderterrine mit Räucherforelle

ZUTATEN für 1 Terrinenform (ca. 1,2 l), ca. 18 Scheiben:
100 g Toastbrot (ohne Rinde)
2 ganz frische Eiweiß (M)
500 g gut gekühlte Sahne
450 g gut gekühltes Zanderfilet
3 kleine Schalotten
1 EL Butter
½ Bund Dill
3 EL frisch gepresster Zitronensaft
3 EL trockener Vermouth (nach Belieben, z. B. Noilly Prat)
1 TL Salz
weißer Pfeffer
frisch geriebene Muskatnuss
2 geräucherte Lachsforellenfilets (je ca. 100 g, ohne Haut)
Butter für die Form
hitzebeständige Klarsichtfolie

ZUBEREITUNGSZEIT: 1 Std. 15 Min.
KÜHLZEIT: 6 Std. 30 Min.
GARZEIT: 1 Std.
PRO SCHEIBE: ca. 162 kcal

1 Das Toastbrot in schmale Streifen schneiden und in einer breiten Schale auslegen, die Eiweiße darauf verteilen, 150 g Sahne darübergießen. Eiweiße und Sahne mit einer Gabel leicht ins Brot drücken und alles für 30 Min. im Kühlschrank kalt stellen. Aus dem Zander eventuell vorhandene Gräten herauszupfen. Filets in 2 cm große Würfel schneiden, ebenfalls kalt stellen.

2 Die Schalotten schälen und fein würfeln. Butter in einer kleinen Pfanne schmelzen, darin die Schalotten bei mittlerer Hitze andünsten – sie sollten nicht bräunen, abkühlen lassen. Dill abbrausen und trocken schütteln, die Spitzen abzupfen und fein schneiden.

3 Den Zander mit Schalotten, Zitronensaft, nach Belieben Vermouth und dem Salz vermengen. Wer einen Fleischwolf besitzt, mischt den Fisch mit der Brot-Eiweiß-Sahne-Mischung und dreht alles durch eine feine Scheibe. In einer Küchenmaschine mit Schneideeinsatz erst portionsweise den Fisch fein pürieren (dabei eventuell etwas Sahne dazugeben), dann das gesamte Fischpüree mit der Brot-Eiweiß-Sahne-Mischung ganz fein pürieren. Die Fischfarce mit Pfeffer und Muskat würzen und im Kühlschrank kalt stellen.

4 Den Backofen auf 150° vorheizen. Die Terrinenform dünn mit Butter einfetten, dann möglichst glatt mit der Folie auslegen, dabei die Folie an einer Längsseite großzügig überhängen lassen.

5 Die übrige Sahne steif schlagen und mit dem Dill esslöffelweise gründlich unter die Fischfarce rühren – die Masse sollte am Ende glänzend und cremig sein. Ein Drittel davon in die Form füllen und 1 Forellenfilet darauflegen, darüber ein weiteres Drittel von der Farce verteilen und das zweite Forellenfilet darauflegen. Mit der Zanderfarce abschließen und schön glatt streichen. Überhängende Klarsichtfolie darüberschlagen und die Form mit einem Deckel oder mit Alufolie verschließen.

6 Terrinenform in einen großen Bräter oder ein tiefes Backblech stellen und Bräter oder Blech so hoch mit Wasser füllen, dass die Form zu zwei Dritteln darin steht. In den Ofen schieben (unten, Umluft ist hier nicht empfehlenswert) und die Terrine ca. 1 Std. garen, bis sie fest ist. Herausnehmen und abkühlen lassen. Vor dem Anschneiden mindestens 6 Std. im Kühlschrank durchkühlen lassen.

Gebeizter Lachs mit Kräutern

ZUTATEN für 8–10 Personen:
2 ganz frische, gleich große Lachsfilets mit Haut (ca. 1 kg, am besten vom Fischhändler aus einem Fisch zuschneiden und filetieren lassen)
½ Bio-Zitrone
½ Bund Petersilie
2 Bund Dill
12 Wacholderbeeren
1 TL schwarze Pfefferkörner
¾ TL helle Senfkörner
60 g grobes Salz
40 g brauner Zucker
3 EL Wodka (ersatzweise 3–4 Spritzer frisch gepresster Zitronensaft)

ZUBEREITUNGSZEIT: 25 Min.
BEIZZEIT: 2 Tage
PRO PORTION (bei 10 Personen): ca. 230 kcal

1 Den Lachs eventuell nach Gräten abtasten und diese herauszupfen. Zitrone heiß waschen und abtrocknen, die Schale nicht zu fein abreiben (wer einen Zestenreißer zur Hand hat, kann auch feine Schalenstreifen abziehen). Die Kräuter abbrausen, gut trocken schütteln und fein hacken. Die Wacholderbeeren, Pfeffer- und Senfkörner in einem Mörser grob zerstoßen und mit Salz und Zucker mischen.

2 Fischfilets mit der Hautseite nach unten nebeneinander auf die Arbeitsfläche legen, gleichmäßig mit der Gewürzmischung bestreuen und diese leicht mit den Fingern ins Fischfleisch einreiben. Zitronenschale darüberstreuen, dann die Kräuter auf den Fischfilets verteilen, leicht festdrücken. Ein Filet mit der Hautseite nach unten in eine ausreichend große, flache Schale legen. Wodka darüberträufeln, dann das zweite Lachsfilet mit der Hautseite nach oben darauflegen und gut andrücken.

3 Die Lachsfilets in der Schale mit Klarsichtfolie abdecken. Ein Holzbrett darauflegen und mit Konservendosen oder gefüllten Flaschen beschweren. Auf diese Weise vorbereitet den Lachs für ca. 2 Tage in den Kühlschrank stellen und beizen. Nach etwa der Hälfte der Zeit den Lachs wenden, dabei zuvor das obere Filetstück kurz anheben und etwas von dem ausgetretenen Saft über das untere Filet löffeln. Die Filets wieder fest zusammendrücken, zudecken, beschweren und fertig beizen.

4 Zum Servieren die Lachsfilets trocken tupfen und mit einem scharfen Messer schräg in nicht zu dünne Scheiben schneiden. Mit Senfsauce und Meerrettich-Himbeer-Dip (siehe unten) auf den Tisch bringen.

UND DAZU – Senfsauce und Meerrettich-Himbeer-Dip
Für eine klassische Senfsauce 2 EL Honig mit 2 EL Weißweinessig, 2 EL scharfem und 3 EL süßem Senf verrühren. Dann 3–4 EL frisch gepressten Orangensaft und 5–6 EL Olivenöl kräftig unterschlagen, bis eine cremige Sauce entstanden ist. 3 EL frisch gehackten Dill unterrühren. Mit Salz, Pfeffer, wenig Chilipulver und 1 Prise Kurkumapulver würzen.
Auch fein: 250 g Quark (40 % Fett) und 150 g Schmand glatt verrühren, 2 EL frisch geriebenen Meerrettich (ersatzweise 1–2 TL Meerrettich aus dem Glas) untermischen. Mit Salz, Pfeffer und 1–2 Spritzern frisch gepresstem Zitronensaft abschmecken. 100 g frische Himbeeren oder aufgetaute TK-Himbeeren leicht andrücken und unterheben.

Heringssalat mit Äpfeln

ZUTATEN für 4–6 Personen:
6–7 Matjes-Doppelfilets
(je ca. 100 g, ohne Gräten)
1 rote Zwiebel | 2 Essiggurken
2 säuerliche Äpfel (z. B. Boskop)
1 ½ EL frisch gepresster Zitronensaft
2 gegarte Rote Beten (vakuumverpackt, ca. 300 g)
1 EL Kapern | 50 g Naturjoghurt
200 g Schmand | 5 EL Sahne
1 TL scharfer Senf
4 EL Weißweinessig
Salz | Pfeffer | Zucker
½ Bund Dill

ZUBEREITUNGSZEIT: 30 Min.
MARINIERZEIT: 1 Std.
PRO PORTION (bei 6 Personen): ca. 475 kcal

1 Die Matjesfilets trocken tupfen und in ca. 2 cm große Stücke schneiden, die Schwänze wegschneiden. Die Zwiebel schälen und wie die Gurken in kleine Würfel schneiden. Äpfel waschen, vierteln und entkernen. Die Apfelviertel längs halbieren, dann quer in schmale Scheibchen schneiden und sofort mit dem Zitronensaft mischen. Die Roten Beten in ca. 5 mm große Würfel schneiden. Die Kapern ganz fein hacken.

2 Für die Marinade den Joghurt mit Schmand, Sahne, Senf und Essig verrühren, kräftig mit Salz, Pfeffer und Zucker würzen. Alle vorbereiteten Zutaten mit der Marinade in einer Schüssel mischen und zugedeckt 1 Std. im Kühlschrank marinieren lassen.

3 Vorm Servieren den Dill abbrausen, trocken schütteln und die Spitzen fein hacken. Den Salat durchmischen, eventuell nochmals nachwürzen und den Dill unterheben. Fein dazu: dunkles Brot oder Schwarzbrot.

Eingelegter Gewürzhering

ZUTATEN für 1 Bügelglas (ca. 1,2 l):
3 rote Zwiebeln | 1 große Möhre
1 Stück Ingwer (ca. 3 cm)
¼ l Rotweinessig
100 ml Rotwein
150 ml Portwein | 2 EL Zucker
1 TL helle Senfkörner
1 TL weiße Pfefferkörner
10 Pimentkörner
2 Lorbeerblätter
6–7 Matjes-Doppelfilets
(je ca.100 g, ohne Gräten)

ZUBEREITUNGSZEIT: 30 Min.
MARINIERZEIT: 2 Tage
PRO GLAS: ca. 2405 kcal

1 Die Zwiebeln schälen und in dünne Ringe schneiden. Möhre schälen, längs halbieren und in dünne Scheiben schneiden. Den Ingwer schälen und in ganz feine Scheibchen schneiden.

2 Essig, Rotwein, Portwein, Zucker, Senfkörner, Pfefferkörner, Pimentkörner, Lorbeerblätter und den Ingwer in einen Topf geben und aufkochen. Die Möhre dazugeben und 2 Min. bei kleiner Hitze köcheln lassen. Dann den Topf vom Herd nehmen und die Marinade lauwarm abkühlen lassen.

3 Die Matjesfilets trocken tupfen und in ca. 4 cm breite Stücke schneiden, die Schwänze wegschneiden. Körner, Lorbeerblätter, Ingwer und Möhren aus dem Sud heben und mit den Zwiebeln und Matjesstücken in das sauber ausgespülte, abgetrocknete Bügelglas schichten. Den Sud darübergießen, das Glas verschließen und die Heringe im Kühlschrank mindestens 2 Tage durchziehen lassen. Am besten mit Bratkartoffeln, Pellkartoffeln oder ofenfrischem Bauernbrot servieren.

Rustikale Leberterrine

ZUTATEN für 1 Terrinenform (ca. 3/4 l), 6–8 Personen:
350 g Kalbsleber
250 g mageres Schweinefleisch (z. B. Nacken)
550 g grüner Speck (davon 300 g in möglichst dünnen, breiten Scheiben, den Rest am Stück; roher unbehandelter Rückenspeck vom Schwein)
2 Schalotten
½ Knoblauchzehe
5 Zweige Thymian
1 EL Butter
100 ml Portwein
2 Msp. gemahlenes Piment
2 Msp. frisch geriebene Muskatnuss
½ TL Wildgewürz
1 ½ TL Salz
grob gemahlener Pfeffer
30 g Toastbrot (ohne Rinde)
1 Eiweiß (M)
3 EL Sahne
1 EL grüne Pfefferkörner (aus dem Glas)

ZUBEREITUNGSZEIT: 1 Std. 10 Min.
MARINIER- UND KÜHLZEIT: 7 Std.
GARZEIT: 1 Std. 20 Min.
PRO PORTION (bei 8 Personen): ca. 670 kcal

1 Von der Leber Sehnen und Häute wegschneiden, die Leber in Stückchen schneiden. Fleisch in ca. 2 cm große Würfel schneiden, dabei eventuell vorhandenes Fett wegschneiden. Speckstück ca. 1 cm groß würfeln. Schalotten und Knoblauch schälen und fein würfeln. Den Thymian abbrausen und trocken schütteln, die Blättchen abzupfen und fein hacken.

2 Butter in einer kleinen Pfanne schmelzen, darin Schalotten und Knoblauch andünsten. Mit Wein ablöschen, 2 Min. bei großer Hitze einkochen lassen, vom Herd nehmen und kurz abkühlen lassen. Alle vorbereiteten Zutaten mit den Gewürzen, Salz, reichlich grob gemahlenem Pfeffer und dem Schalotten-Portwein-Sud in einer Schüssel mischen. Zugedeckt im Kühlschrank 5 Std. (oder über Nacht) marinieren lassen.

3 Dann Toastbrot in dünne Streifen schneiden. Fleisch-Leber-Mischung durchrühren, das Toastbrot darauf auslegen. Eiweiß auf dem Brot verteilen und mit Sahne beträufeln, beides mit einer Gabel gut in das Brot drücken. Zugedeckt 1 Std. in den Kühlschrank stellen. Anschließend alles durch die feine Scheibes eines Fleischwolf drehen oder portionsweise im elektrischen Blitzhacker so fein wie möglich pürieren, 1 Std. kalt stellen.

4 Backofen auf 150° vorheizen. Ein tiefes Backblech mit so viel Wasser füllen, dass die Terrinenform zu zwei Dritteln darin stehen kann. Das Blech unten in den Ofen schieben. Terrinenform vollständig mit Speckscheiben auslegen, dabei die Scheiben dicht an dicht legen und leicht über den Formrand lappen lassen (einige Speckscheiben zurückbehalten!). Grünen Pfeffer grob hacken und unter die Lebermasse rühren.

5 Lebermasse in die Form füllen und glatt verstreichen. Übrige Speckscheiben auflegen, überhängende Speckscheibenenden so darüberklappen, dass alles schön bedeckt ist. Die Form mit einem Deckel oder mit Alufolie verschließen. Form aufs Blech ins heiße Wasserbad stellen und die Leberterrine ca. 1 Std. 20 Min. garen (wer ein Bratenthermometer hat, kann es in die Mitte stecken – bei knapp 70° ist die Terrine gar).

6 Die Terrine aus dem Ofen nehmen, Deckel oder Folie entfernen und die Terrine gut auskühlen lassen. Das ausgetretene Fett sollte jetzt fest sein, eventuell ausgetretene Garflüssigkeit abgießen. Besonders fein schmeckt die Leberterrine, wenn man einen Preiselbeerdip (siehe Seite 151) oder auch Cassisbirnen (siehe Seite 205) dazu reicht.

Schwedische Fleischbällchen mit Preiselbeerdip

ZUTATEN für 4–6 Personen:

Für die Bällchen:
2 mehligkochende Kartoffeln (ca. 200 g)
Salz
3 EL Semmelbrösel
6 EL Sahne
1 Zwiebel
500 g gemischtes Hackfleisch
Pfeffer
1/3 TL edelsüßes Paprikapulver
2–3 Msp. gemahlenes Piment
1 Ei (M)
Öl zum Braten

Für den Dip:
30 g Walnusskerne
1 großer Apfel (z. B. Boskop)
1 EL frisch gepresster Zitronensaft
200 g Schmand
2 EL Sahne
150 g Preiselbeeren (aus dem Glas)
1/2 TL scharfer Senf
Salz | Pfeffer

ZUBEREITUNGSZEIT: 40 Min.
KÜHLZEIT: 1 Std. 30 Min.
PRO PORTION (bei 6 Personen): ca. 495 kcal

1 Für die Bällchen die Kartoffeln in ausreichend Wasser zum Kochen bringen, salzen und zugedeckt bei mittlerer Hitze 20–25 Min. garen. Abgießen, gut ausdampfen und leicht abkühlen lassen, dann pellen. Die Kartoffeln in ca. 30 Min. vollständig auskühlen lassen.

2 Die Semmelbrösel und die Sahne in einer Schüssel verrühren. Zwiebel schälen und fein würfeln. 1–2 EL Öl in einer kleinen Pfanne erhitzen, darin die Zwiebel goldgelb anbraten. Mit dem Hackfleisch in die Schüssel zu den Sahnebröseln geben. Kartoffeln durch eine Kartoffelpresse dazudrücken, mit Salz, Pfeffer, Paprika und Piment würzen. Das Ei dazugeben und alles gründlich mit den Händen zu einem glatten Fleischteig vermengen. Aus dem Teig ca. 24 kleine Hackbällchen formen, auf einen Teller legen, mit Klarsichtfolie abdecken und 1 Std. in den Kühlschrank stellen.

3 Für den Dip die Walnüsse grob hacken. Den Apfel waschen, vierteln, entkernen und die Viertel auf einer Rohkostreibe grob raspeln, sofort mit dem Zitronensaft mischen. Den Schmand mit der Sahne glatt verrühren. Preiselbeeren, Apfel und Walnüsse unterheben. Den Dip mit Senf, Salz und Pfeffer abschmecken.

4 So viel Öl in einer großen beschichteten Pfanne erhitzen, dass der Boden ganz knapp bedeckt ist. Darin die Fleischbällchen (eventuell portionsweise nacheinander) ca. 2 Min. rundherum bei großer Hitze braten, dabei immer wieder mal an der Pfanne rütteln, damit die Bällchen auf alle Seiten rollen können und rundum bräunen. Dann bei mittlerer Hitze 6–8 Min. weiterbraten, bis die Bällchen durchgebraten sind.

5 Fleischbällchen aus der Pfanne heben und auf Küchenpapier kurz abtropfen lassen. Die Bällchen in eine Schüssel geben und lauwarm abkühlen oder ganz auskühlen lassen. Mit dem Preiselbeerdip servieren.

Kartoffelsalat mit Radicchio

ZUTATEN für 4–6 Personen:
800 g festkochende Kartoffeln
Salz
100 g Frühstücksspeck (in dünnen Scheiben, Bacon)
1 rote Zwiebel
50 g Kürbiskerne
5 EL Sonnenblumenöl
100 ml Rinder- oder Gemüsebrühe
100 ml Apfelessig
1 ½ EL körniger Senf
Pfeffer | 400 g Radicchio
1 Bund Schnittlauch

ZUBEREITUNGSZEIT: 40 Min.
MARINIERZEIT: 30 Min.
PRO PORTION (bei 6 Personen): ca. 330 kcal

1 Die Kartoffeln waschen und in ausreichend Salzwasser zugedeckt bei mittlerer Hitze je nach Größe in 20–30 Min. gar kochen. Inzwischen den Speck quer in schmale Streifen schneiden. Die Zwiebel schälen und fein würfeln. Kürbiskerne in einer kleinen Pfanne ohne Fett bei mittlerer Hitze rösten, bis sie bräunen und zu springen beginnen. Aus der Pfanne nehmen. In der Pfanne 1 EL Öl erhitzen, darin den Speck knusprig braun braten, abkühlen lassen. Brühe erhitzen. Essig, Senf und übriges Öl kräftig verrühren.

2 Die Kartoffeln abgießen, kurz ausdampfen lassen und möglichst heiß pellen. Kartoffeln in ca. 1 cm dicke Scheiben schneiden. Warme Brühe (ein klein wenig davon zurückbehalten) mit Vinaigrette, Zwiebel und Speck samt Bratfett verrühren, salzen und pfeffern, vorsichtig mit den Kartoffeln vermischen und 30 Min. durchziehen lassen.

3 Den Radicchio in einzelne Blätter teilen, putzen, waschen, trocken schleudern und in sehr schmale Streifen schneiden. Den Schnittlauch abbrausen, trocken schütteln und in Röllchen schneiden. Beides mit Kürbiskernen und der zurückbehaltenen Brühe unter den Salat mischen. Mit Salz und Pfeffer abschmecken und servieren.

Hühnerfleischsalat mit Avocado

ZUTATEN für 4–6 Personen:
1 gegartes Suppenhuhn (siehe Seite 60, ersatzweise 1 gekauftes Grillhähnchen)
4 Stangen Staudensellerie (mit dem Grün)
4 Mandarinen | 2 Avocados
2–3 EL frisch gepresster Zitronensaft
120 g Mayonnaise
100 g saure Sahne
1 EL Weißweinessig
1 TL Currypulver | Salz | Pfeffer
40 g Pekannusskerne

ZUBEREITUNGSZEIT: 35 Min.
PRO PORTION (bei 6 Personen): ca. 915 kcal

1 Das ausgekühlte Huhn häuten, Fleisch von den Knochen lösen und in mundgerechte Stücke schneiden. Sellerie waschen, putzen und die Stangen in dünne Scheiben schneiden, das Grün beiseitelegen. Den Saft von 1 Mandarine auspressen, übrige Mandarinen schälen, in Stücke teilen und diese eventuell halbieren. Die Avocados halbieren und die Steine entfernen, das Fruchtfleisch aus den Schalen heben, in kleine Würfel schneiden und sofort mit dem Zitronensaft mischen.

2 Mayonnaise, Sahne, Essig und 4–5 EL Mandarinensaft glatt verrühren. Das Dressing mit Currypulver, Salz und Pfeffer würzen. Das zarte Grün von 2 Selleriestangen fein schneiden und untermischen, das Dressing mit übrigem Mandarinensaft abschmecken.

3 Hähnchenfleisch, Sellериescheiben, Mandarinen und Avocados mit dem Dressing mischen und den Salat 10 Min. ziehen lassen. Inzwischen Pekannüsse grob hacken, den Salat vor dem Servieren damit bestreuen.

ZUTATEN für ca. 16 Stück:

Für den Teig:
100 ml Milch
¾ Würfel Hefe (ca. 30 g)
½ TL Zucker
350 g Mehl
1 TL Salz
60 g weiche Butter
1 Ei (M)
2 Eigelb (M)
Mehl zum Arbeiten

Für die Füllung:
2 Bund Schnittlauch
½ TL Kümmelsamen
400 g Magerquark
2 Eier (S)
Salz | Pfeffer

ZUBEREITUNGSZEIT: 1 Std.
RUHEZEIT: 1 Std. 25 Min.
BACKZEIT: 20 Min.
PRO STÜCK: ca. 150 kcal

Piroggi mit Schnittlauch-Quark-Füllung

1 Für den Teig 75 ml Milch mit 75 ml heißem Wasser mischen und lauwarm abkühlen lassen. Die Hefe hineinbröckeln, Zucker dazugeben und alles verrühren. Hefeansatz zugedeckt an einem warmen Ort 15 Min. gehen lassen.

2 Dann Mehl, Salz und Butter in Flöckchen in einer Schüssel mischen, das Ei und den Hefeansatz dazugeben und alles mit den Knethaken des Handrührgeräts ca. 5 Min. durchkneten. Den Teig zu einer Kugel formen, in die dünn mit Mehl ausgestreute Schüssel legen und zugedeckt 30 Min. gehen lassen.

3 Für die Füllung Schnittlauch abbrausen, trocken schütteln und in Röllchen schneiden. Den Kümmel grob hacken. Quark mit Eiern, Kümmel und Schnittlauch verrühren, kräftig mit Salz und Pfeffer würzen. Ein Backblech mit Backpapier auslegen, die Eigelbe mit übriger Milch verrühren.

4 Den Teig nochmals kräftig durchkneten, auf einer bemehlten Arbeitsfläche gut 5 mm dick ausrollen und daraus mit einem runden Ausstecher oder einem Glas ca. 16 Kreise (10 cm Ø) ausstechen. Die Ränder der Teigkreise mit ein wenig Eigelbmilch bestreichen. Je 1 großen TL Quarkmasse in die Mitte jedes Teigkreises setzen und eine Teighälfte so über die Füllung klappen, dass ein Halbmond entsteht. Die Teigränder erst mit den Fingern von außen nach innen zusammendrücken, dann mit den Zinken einer Gabel festdrücken. Die Piroggi aufs Blech legen, mit einem Küchentuch abdecken und 30–40 Min. gehen lassen.

5 Den Backofen auf 180° (Umluft 160°) vorheizen. Die Piroggi mit übriger Eigelbmilch bepinseln, im Ofen (Mitte) in ca. 20 Min. goldbraun backen. Die Piroggi am besten frisch aus dem Ofen oder noch lauwarm servieren. Dazu wird traditionell cremig gerührte saure Sahne gereicht.

Piroggi mit Champignon-Steinpilz-Füllung

ZUTATEN für ca. 16 Stück:
1 Rezept Piroggi-Teig (siehe links)
15 g getrocknete Steinpilze
300 g braune Champignons
1 Zwiebel
1 Knoblauchzehe
½ Bund Petersilie
2 EL Butter
½ TL gekörnte Rinder- oder Gemüsebrühe
Salz | Pfeffer
frisch geriebene Muskatnuss

ZUBEREITUNGSZEIT: 1 Std.
RUHEZEIT: 1 Std. 25 Min.
BACKZEIT: 20 Min.
PRO STÜCK: ca. 120 kcal

1 Teig wie links beschrieben zubereiten und gehen lassen. Zwischendurch die Steinpilze mit ⅛ l heißem Wasser überbrühen, ziehen lassen. Champignons sauber abreiben, putzen, in Würfelchen schneiden und diese noch kleiner hacken. Zwiebel und Knoblauch schälen und fein würfeln. Petersilie abbrausen und trocken schütteln, die Blättchen abzupfen und grob hacken.

2 Steinpilze in ein Sieb gießen, dabei das Einweichwasser auffangen, die Pilze ausdrücken und fein hacken. In einer Pfanne Butter schmelzen, darin Zwiebel und Knoblauch goldgelb andünsten. Champignons und Steinpilze dazugeben und bei großer Hitze unter Rühren anbraten. Brühe darüberstreuen und mit 4–5 EL Einweichwasser verrühren. Die Flüssigkeit vollständig einkochen lassen. Die Füllung mit Salz, Pfeffer und Muskat kräftig würzen, Petersilie unterrühren und kurz mitdünsten, vom Herd nehmen.

3 Wie links beschrieben den Teig ausrollen, ausstechen und mit der Pilzmasse füllen. Piroggi mit der Eigelbmilch bepinseln, goldbraun backen und heiß oder lauwarm servieren.

Piroggi mit pikanter Hackfüllung

ZUTATEN für ca. 16 Stück:
1 Rezept Piroggi-Teig (siehe links)
2 Zwiebeln | 1 Knoblauchzehe
2 EL Sonnenblumenöl
300 g Rinderhackfleisch
Salz | Pfeffer
edelsüßes Paprikapulver
Chilipulver
4 Essiggürkchen
2 große Stängel Dill
3 EL Crème fraîche

ZUBEREITUNGSZEIT: 1 Std.
RUHEZEIT: 1 Std. 25 Min.
BACKZEIT: 20 Min.
PRO STÜCK: ca. 185 kcal

1 Den Teig wie links beschrieben zubereiten und gehen lassen. Zwischendurch Zwiebeln und Knoblauch schälen und fein würfeln. Das Öl in einer beschichteten Pfanne erhitzen, darin Zwiebeln und Knoblauch goldgelb andünsten. Hackfleisch dazugeben und bei großer Hitze anbraten, dabei ständig mit einem Holzlöffel zerteilen. Mit Salz, Pfeffer, ½ TL Paprika und 2–3 Prisen Chili würzen. Wenn das Hackfleisch krümelig braun gebraten ist, vom Herd nehmen und lauwarm abkühlen lassen.

2 Essiggürkchen klein würfeln. Dill abbrausen und trocken schütteln, die Spitzen abzupfen und fein schneiden. Beides mit Crème fraîche unter das Hackfleisch mischen. Pikant mit Salz, Pfeffer, Chili und Paprika würzen.

3 Wie links beschrieben den Teig ausrollen, ausstechen und mit der Hackmasse füllen. Piroggi mit der Eigelbmilch bepinseln, goldbraun backen und heiß oder lauwarm servieren.

Blini mit Wodka-Forellen-Creme

ZUTATEN für ca. 20 Stück:

Für die Blini:
1/8 l Milch
1/4 Würfel Hefe (ca. 10 g)
1 TL Zucker
250 g Weizenmehl (Type 405)
50 g Buchweizenmehl
1 gestrichener TL Salz
2 Eier (M)
Butterschmalz zum Braten

Für die Creme:
2 geräucherte Forellenfilets (ca. 300 g, ohne Haut)
1–2 EL frisch gepresster Zitronensaft
200 g Sahne
120 g saure Sahne
1 EL Meerrettich (aus dem Glas)
Salz | Pfeffer
1–2 EL Wodka (nach Belieben)
1 1/2 EL Schnittlauchröllchen

Außerdem:
100 g Forellenkaviar (aus dem Glas)
2 EL Schnittlauchröllchen zum Bestreuen

ZUBEREITUNGSZEIT: 1 Std. 10 Min.
RUHEZEIT: 45 Min.
PRO STÜCK: ca. 145 kcal

1 Für die Blini die Milch lauwarm erhitzen. Hefe in eine kleine Schüssel bröckeln, Zucker und ein Drittel der Milch dazugeben und alles kurz verrühren. Hefeansatz zugedeckt 15 Min. an einem warmen Ort gehen lassen.

2 Beide Mehlsorten mit dem Salz in einer Schüssel mischen. Eier, übrige Milch, 1/4 l lauwarmes Wasser und Hefeansatz dazugeben, mit den Quirlen des Handrührgeräts verrühren. Den Teig zugedeckt 30 Min. gehen lassen.

3 Für die Creme die Forellenfilets zerzupfen und mit 1 EL Zitronensaft mischen. 120 g Sahne steif schlagen, übrige Sahne mit Forellenfilets, saurer Sahne und Meerrettich mit einem Pürierstab fein pürieren. Mit Salz, Pfeffer, nach Belieben Wodka und eventuell dem Zitronensaft würzig abschmecken. Schnittlauch und geschlagene Sahne unterheben, Creme kalt stellen.

4 Etwas Butterschmalz in einer großen beschichteten Pfanne schmelzen. Den Teig esslöffelweise und mit etwas Abstand in kleinen Häufchen hineingeben und jeweils zu einem Küchlein glatt streichen. Bei mittlerer Hitze backen, bis die Oberseite fest und die Unterseite goldbraun ist. Küchlein wenden und auch die zweite Seite goldbraun backen. Auf diese Weise nach und nach den gesamten Teig verarbeiten, eventuell die fertigen Blini im 60° heißen Backofen warm halten.

5 Die Blini können lauwarm oder kalt serviert werden: Jeweils 1 Klacks von der Fischcreme daraufgeben, mit etwas Forellenkaviar belegen und ein paar Schnittlauchröllchen aufstreuen.

TIPP – Blini gut vorbereitet
Am Vortag Blini backen, auskühlen lassen, in einen Gefrierbeutel geben und in den Kühlschrank legen. Am nächsten Tag bei Bedarf auf ein mit Backpapier ausgelegtes Blech legen und bei 100° im Backofen erwärmen.

VARIANTE – Blini mit Räucherlachs
Blini wie oben zubereiten. Für einen Dip 150 g Crème fraîche mit 1 EL frisch gepresstem Zitronensaft und 2 EL Wodka (ersatzweise Sahne) glatt rühren, mit Salz und Pfeffer würzen. 2 EL fein gehackten Dill unterrühren. Die Blini mit Räucherlachs in Scheiben und dem Dip servieren.

Kassler in knusprigem Brotteig

ZUTATEN für 4–6 Personen:
300 g Roggenmehl (Type 1150)
150 g Weizenmehl (Type 1050)
150 g Weizenmehl (Type 405)
2 gehäufte TL Salz
2 TL Brotgewürz
1 Pck. Trockenhefe (für 500 g Mehl)
1 Beutel Natursauerteig (für 500 g Mehl)
1 EL Honig
5 Zweige Thymian
2 EL körniger Senf
1,2 kg geräuchertes, gegartes Kasslerfleisch (ohne Knochen, beim Metzger vorbestellen)
1 TL Kümmelsamen
Mehl zum Arbeiten

ZUBEREITUNGSZEIT: 30 Min.
RUHEZEIT: 1 Std. 15 Min.
BACKZEIT: 1 Std.
PRO PORTION (bei 6 Personen): ca. 460 kcal

1 Alle drei Mehlsorten mit Salz, Brotgewürz und Trockenhefe in einer Schüssel mischen, in die Mitte eine Mulde drücken. Sauerteigansatz in die Mulde geben. Honig und 350 ml lauwarmes Wasser verrühren, dazugießen und alles mit den Knethaken des Handrührgeräts zu einem elastischen Teig verkneten (sollte er zu fest sein, noch ein wenig Wasser unterkneten). Dann den Teig weitere 8 Min. kräftig mit den Händen durchkneten. Zur Kugel formen, in die mit Mehl ausgestäubte Schüssel legen. Mit einem Küchentuch abgedeckt 45 Min. an einem warmen Ort gehen lassen.

2 Den Thymian abbrausen und trocken schütteln, die Blättchen abzupfen, fein hacken und mit dem Senf verrühren. Das Kassler gut trocken tupfen, dann rundherum mit dem Thymiansenf einstreichen. Ein Backblech mit Backpapier auslegen.

3 Den Teig nochmals kräftig durchkneten und auf der bemehlten Arbeitsfläche gut 1 cm dick je nach Form des Kasslers leicht rechteckig oder quadratisch ausrollen. Kassler in die Mitte der Teigplatte legen. Teigränder mit Wasser bepinseln und über dem Kasseler gut zusammendrücken. Brotlaib mit der Naht nach unten vorsichtig auf das Blech legen. Mit dem Küchentuch abdecken und den Teig weitere 30 Min. gehen lassen.

4 Den Backofen auf 200° vorheizen. Den Teig mehrmals mit einem Holzspieß oder einer Gabel einstechen, damit beim Backen Dampf entweichen kann und das Brot schön durchbäckt. Den Laib mit Wasser bepinseln und mit Kümmel bestreuen. Im Ofen (Mitte, Umluft 180°) ca. 30 Min. backen. Dann die Hitze auf 175° (Umluft 160°) reduzieren und das Brot weitere 30 Min. backen, bis es schön gebräunt und knusprig ist.

5 Brot aus dem Ofen nehmen und auf einem Kuchengitter ca. 5 Min. ruhen lassen. Anschließend mit einem scharfen Brotmesser in Scheiben schneiden und möglichst noch warm servieren. Dazu schmeckt Kartoffelsalat (siehe Seite 153) oder ein bunt gemischter Blattsalat.

Dänisches Apfelkompott mit Mandel-Sahne-Haube

ZUTATEN für 4–6 Personen:
800 g Äpfel (z. B. Boskop)
frisch gepresster Saft von ½ Zitrone
½ Vanilleschote
1 Zimtstange | 120 g Zucker
100 ml klarer Apfelsaft
100 ml Weißwein
2 EL Butter
100 g Mandelblättchen
3 EL Puderzucker
3–4 Msp. Zimtpulver
500 g Sahne
4–5 EL Amaretto (nach Belieben)

ZUBEREITUNGSZEIT: 50 Min.
PRO PORTION (bei 6 Personen): ca. 580 kcal

1 Äpfel schälen, vierteln, entkernen, in kleine Stücke schneiden und mit dem Zitronensaft in einem Topf mischen. Vanilleschote längs aufschlitzen, Mark herauskratzen und mit der Schote, der Zimtstange, 80 g Zucker, dem Apfelsaft und Weißwein unter die Äpfel rühren. Alles bei kleiner Hitze zum Kochen bringen und zugedeckt in 15–25 Min. zu einem leicht stückigen Kompott zerkochen, abkühlen lassen. Die Vanilleschote entfernen.

2 Inzwischen Butter in einer beschichteten Pfanne bei mittlerer Hitze schmelzen. Mandeln hineingeben, Puderzucker und Zimtpulver darüberstreuen und die Mandeln unter Rühren goldbraun karamellisieren lassen. Auf einen Teller geben und abkühlen lassen.

3 Die Sahne mit übrigem Zucker steif schlagen, dabei nach Wunsch zum Schluss den Amaretto unterschlagen. Apfelkompott in eine Schüssel oder in Gläser geben. Sahne darauf verteilen und mit den Mandeln bestreuen.

Quark-Mohn-Mousse

ZUTATEN für 6 Personen:
50 g gemahlener Mohn
6 EL Kirschwasser (nach Belieben)
5 Blatt weiße Gelatine
1 Pck. Vanillezucker
150 g Zucker
frisch gepresster Saft von 1 Zitrone
250 g Sahne
500 g Magerquark

ZUBEREITUNGSZEIT: 25 Min.
KÜHLZEIT: 5 Std.
PRO PORTION: 280 kcal

1 Den Mohn in einer Pfanne ohne Fett bei mittlerer Hitze unter Rühren rösten, bis er duftet. Mit 60 ml Wasser und eventuell 3 EL Kirschwasser ablöschen, die Flüssigkeit völlig einkochen lassen. Mohn abkühlen lassen.

2 Inzwischen die Gelatine nach Packungsangabe in Wasser einweichen. Vanillezucker, Zucker, Zitronensaft, nach Belieben übriges Kirschwasser und 50 g Sahne verrühren, bis sich der Zucker aufgelöst hat. Quark und Mohn dazugeben, alles cremig glatt rühren. Übrige Sahne steif schlagen.

3 Die Gelatine ausdrücken und in einem kleinen Topf bei kleiner Hitze auflösen. 1 EL Quarkcreme dazugeben, gut verrühren, noch einen Löffel dazugeben und wieder gut verrühren, dann die Gelatine zügig mit einem Schneebesen unter den übrigen Quark rühren, Sahne unterheben. Die Mousse abdecken und in ca. 5 Std. im Kühlschrank fest werden lassen.

4 Mit einem Esslöffel Nocken von der Mousse abstechen und servieren – etwa mit Gewürzkirschen oder Cassisbirnen (siehe Seite 107, 205).

Schwedischer Baiserkuchen mit Preiselbeersahne

ZUTATEN für 1 Backblech (ca. 20 Stück):
½ Vanilleschote
4 Eier (M)
1 Eiweiß (M)
1 Prise Salz
125 g Puderzucker
100 g weiche Butter
100 g Zucker
2 Msp. Zimtpulver
100 g Mehl
1 TL Backpulver
2 EL Milch
4 EL Amaretto (ersatzweise 2 EL Milch für den Teig, die Sahne ohne Amaretto zubereiten)
100 g Mandelblättchen
400 g Sahne
300 g Wild-Preiselbeeren (aus dem Glas)

ZUBEREITUNGSZEIT: 35 Min.
BACKZEIT: 30 Min.
RUHE- UND ABKÜHLZEIT: 50 Min.
PRO STÜCK: ca. 230 kcal

1 Den Backofen auf 180° (Umluft 160°) vorheizen, ein Backblech mit Backpapier auslegen. Vanilleschote längs aufschlitzen, das Mark herauskratzen. Die Eier trennen, alle Eiweiße mit dem Salz steif schlagen. Dann 100 g Puderzucker nach und nach einrieseln lassen und weiterschlagen, bis eine feste Baisermasse entstanden ist.

2 Butter in Flöckchen in eine Schüssel geben und mit den Quirlen des Handrührgeräts cremig-weiß schlagen, dabei nach und nach den Zucker dazugeben – das kann 6–8 Min. dauern, der Zucker sollte sich gut lösen. Zuletzt Vanillemark und Zimtpulver, dann nacheinander die Eigelbe unterrühren. Dabei immer so lange rühren, bis sich Buttermasse und Eigelb gut verbunden haben. Mehl mit Backpulver mischen und mit Milch und 2 EL Amaretto mit einem Holzlöffel oder Teigspatel gründlich unterrühren.

3 Den Teig auf das Blech geben und zu einem Rechteck von ca. 20 x 30 cm glatt verstreichen. Baisermasse darauf verteilen und dabei kleine „Wolken" formen. Im Ofen (unten) 25–30 Min. backen, eventuell gegen Ende der Backzeit mit Backpapier abdecken, damit der Baiser nur leicht bräunt. Anschließend den Kuchen im Ofen bei offener Tür noch 20 Min. ruhen lassen, dann herausnehmen und vollständig auskühlen lassen.

4 Die Mandelblättchen mit übrigem Puderzucker in einer beschichteten Pfanne mischen und bei mittlerer Hitze unter Rühren goldbraun bräunen und leicht karamellisieren lassen. Auf einen Teller geben, abkühlen lassen. Die Sahne steif schlagen, dabei zum Schluss übrigen Amaretto dazugeben. Die Preiselbeeren schlierenförmig unter die Sahne heben.

5 Sobald der Kuchen ausgekühlt ist, die Sahne „wolkig" darauf verteilen und mit den Mandelblättchen bestreuen. Dann möglichst rasch servieren, damit der Baiser knusprig bleibt.

Schwedische Zimtschnecken

ZUTATEN für 1 Springform (26 cm Ø), ca. 14 Stück:

Für den Teig:
¼ l Milch
½ Würfel Hefe (ca. 20 g)
70 g Zucker
500 g Mehl
2 Prisen Salz
75 g weiche Butter
1 Ei (M)
2 Eigelb (M)
Mehl zum Arbeiten

Für die Füllung:
60 g Butter
150 g Zucker (möglichst nicht zu fein)
1 EL Zimtpulver
100 g Rosinen (nach Belieben in Rum eingelegt, siehe Tipp Seite 170)

Für den Guss:
100 g Puderzucker
3–5 EL Rum (ersatzweise Wasser)

ZUBEREITUNGSZEIT: 50 Min.
RUHEZEIT: 1 Std. 45 Min.
BACKZEIT: 45 Min.
PRO STÜCK: ca. 350 kcal

1 Für den Teig die Milch lauwarm erhitzen. Hefe in eine kleine Schüssel bröckeln, 1 TL Zucker und 100 ml Milch dazugeben, verrühren und den Ansatz zugedeckt 15 Min. an einem warmen Ort gehen lassen.

2 Mehl mit Salz, übrigem Zucker und der Butter in Flöckchen in einer Schüssel mischen. In die Mitte eine Mulde drücken, Ei und Eigelbe hineingeben. Hefeansatz und übrige lauwarme Milch dazugießen und alles sofort mit den Knethaken des Handrührgeräts auf niedrigster Stufe in 3–4 Min. verrühren, dann auf höchster Stufe weitere 5–6 Min. kräftig durchkneten. Den Teig in der mit Mehl ausgestäubten Schüssel zugedeckt ca. 1 Std. gehen lassen – der Teig sollte sein Volumen verdoppeln.

3 Gegangenen Teig auf einer bemehlten Arbeitsfläche nochmals gut von Hand durchkneten, dann zu einem Rechteck (ca. 40 x 50 cm) ausrollen. Ein Küchentuch darüber ausbreiten und den Teig weitere 10 Min. gehen lassen.

4 Für die Füllung die Butter schmelzen, Zucker und Zimt mischen. Die Form mit ein wenig geschmolzener Butter ausstreichen und mit etwas Zimtzucker ausstreuen (Rest herausschütteln).

5 Teigrechteck so durchschneiden, dass zwei 20 x 50 cm große Stücke entstehen. Großzügig mit der möglichst noch lauwarmen Butter bestreichen und gleichmäßig mit übrigem Zimtzucker bestreuen. Die Teigstücke quer in je 6–7 gleich breite Streifen schneiden. Die Rosinen daraufstreuen und die Teigstreifen von den Schmalseiten her fest aufrollen, aufrecht stellen und ganz leicht platt drücken. Die Teigrollen in die Form stellen – es sollen ruhig Lücken dazwischen sein, der Teig geht auf! Mit dem Küchentuch abgedeckt weitere 20 Min. gehen lassen. Den Backofen auf 175° vorheizen.

6 Die Zimtschnecken im Ofen (unten, Umluft 160°) ca. 45 Min. backen, dabei etwa nach der Hälfte der Backzeit mit Backpapier abdecken. Herausnehmen und leicht abkühlen lassen. Puderzucker mit Rum verrühren und die warmen Schnecken mit dem Guss bestreichen. Den Kuchen abkühlen lassen, aus der Form nehmen und im Ganzen servieren – jeder kann sich dann seine Schnecke herausbrechen. Die Schnecken schmecken am besten noch leicht lauwarm (eventuell kurz in Ofen oder Mikrowelle anwärmen).

Mohnstriezel mit Rumrosinen

ZUTATEN für 1 Striezel (ca. 20 Scheiben):

Für den Teig:
1 Rezept Hefeteig (siehe Seite 169)
Mehl zum Arbeiten
Milch zum Bestreichen

Für die Füllung:
80 g Rosinen (siehe Tipp)
100 ml Rum
100 g gewürfeltes Zitronat
¼ l Milch
80 g Zucker
2 EL Honig
250 g gemahlener Mohn
2 EL Hartweizengrieß
fein abgeriebene Schale von ½ Bio-Zitrone
¼ TL Zimtpulver
1 Ei (M)

EINWEICHZEIT: 12 Std.
ZUBEREITUNGSZEIT: 45 Min.
RUHEZEIT: 1 Std. 35 Min.
BACKZEIT: 45 Min.
PRO SCHEIBE: ca. 310 kcal

1 Für die Füllung Rosinen und Rum in eine kleine Schüssel geben und abgedeckt 12 Std. (am besten über Nacht) einweichen. Am nächsten Tag den Teig wie auf Seite 169 beschrieben zubereiten und 1 Std. gehen lassen.

2 Die Rosinen in ein Sieb gießen und abtropfen lassen, dabei den Rum auffangen. Zitronat fein hacken. Milch, Zucker und Honig in einem Topf unter Rühren aufkochen. Mohn, Grieß und die Rosinen dazugeben und unter Rühren in 2–3 Min. bei mittlerer Hitze zu einem dicken Brei kochen. Leicht abkühlen lassen, dann Zitronenschale, Zitronat, Zimt, Ei und nach Belieben 4–5 EL Rum unterrühren. Mohnmasse ganz auskühlen lassen.

3 Ein Backblech mit Backpapier auslegen. Teig nochmals durchkneten und auf einer mit Mehl bestäubten Arbeitsfläche zu einem 1,5 cm dicken Rechteck (ca. 20 x 25 cm) ausrollen. Mohnfüllung darauf verteilen, dabei die Teigränder 1 cm breit frei lassen. Die Teigplatte von einer Längsseite her aufrollen und den Striezel mit der Naht nach unten auf das Blech legen, dabei die beiden Enden nach unten einschlagen. Mit einem Küchentuch abdecken und den Striezel weitere 20 Min. gehen lassen.

4 Den Backofen auf 180° vorheizen. Striezel mit Milch bestreichen und im Ofen (unten, Umluft 160°) in ca. 45 Min. goldbraun backen. Sollte er sehr schnell bräunen, nach einiger Zeit mit Backpapier abdecken. Den Striezel auf einem Kuchengitter auskühlen lassen. Er schmeckt frisch am allerbesten, lässt sich aber gut auch 1–2 Wochen in Alufolie verpackt an einem kühlen Ort aufbewahren.

TIPP – Rosinen gut eingelegt
Marinierte Rosinen machen Kuchen noch viel saftiger. Dazu die Rosinen 1–2 Tage bevor sie gebraucht werden, in Rum (ersatzweise Schwarztee oder Wasser nehmen) einlegen. Dafür die Früchte in einer kleinen Schüssel mit gerade so viel Flüssigkeit begießen, dass sie gut bedeckt sind, und dann zugedeckt quellen lassen.

Lichterglanz & Kerzenschein

ZUTATEN für 4 Personen:
600 g Pastinaken
1 Zwiebel
3 EL Butter
900 ml Gemüsebrühe
4 Zweige Thymian
200 g Baguette (vom Vortag)
Salz | Pfeffer
200 g Sahne
2 EL Meerrettich (aus dem Glas)
1–2 EL frisch gepresster Zitronensaft
frisch geriebene Muskatnuss

ZUBEREITUNGSZEIT: 45 Min.
PRO PORTION: ca. 440 kcal

Pastinakencremesuppe mit Thymiancroûtons

1 Die Pastinaken schälen und in dünne Scheiben schneiden, sehr dicke Wurzeln davor eventuell noch längs halbieren oder vierteln. Die Zwiebel schälen und fein würfeln.

2 In einem Topf 1 EL Butter schmelzen, darin die Zwiebel goldgelb andünsten. Die Pastinaken dazugeben und 1–2 Min. mitdünsten, dann die Brühe angießen und das Gemüse zugedeckt ca. 20 Min. bei mittlerer Hitze garen.

3 Inzwischen den Thymian abbrausen und trocken schütteln, Blättchen abzupfen und fein hacken. Baguette in ca. 1 cm große Würfel schneiden. Übrige Butter in einer kleinen beschichteten Pfanne schmelzen. Darin die Brotwürfel bei mittlerer Hitze unter Rühren goldbraun braten, Thymian unterrühren und kurz mitbraten. Croûtons leicht salzen und pfeffern, warm halten.

4 Die Sahne und den Meerrettich unter die Suppe rühren, mit Zitronensaft, Salz, Pfeffer und Muskat würzen. Suppe mit dem Pürierstab cremig pürieren, auf Teller oder in Suppenschalen verteilen, mit den Croûtons bestreuen und sofort servieren.

Maronencremesuppe

ZUTATEN für 4 Personen:
400 g gegarte Maronen (Esskastanien, vakuumverpackt)
1 Schalotte
1 Stück Lauch (möglichst den weißen Teil, ca. 100 g)
1 Petersilienwurzel (ca. 150 g)
3 Zweige Thymian
2 EL Butter
80 ml Weißwein (ersatzweise Wild- oder Geflügelfond)
1,2 l Wild- oder Geflügelfond (aus dem Glas)
100 g Sahne | Salz | Pfeffer
3 EL frisch gepresster Zitronensaft

ZUBEREITUNGSZEIT: 40 Min.
PRO PORTION: ca. 365 kcal

1 Die Maronen grob schneiden, die Schalotte schälen und fein würfeln. Lauch längs halbieren, waschen, putzen und in schmale Ringe schneiden. Die Petersilienwurzel schälen und in kleine Würfel schneiden. Thymian abbrausen und trocken schütteln.

2 Die Butter in einem Topf schmelzen, darin die Schalotte goldgelb andünsten. Lauch und Petersilienwurzel dazugeben und 2 Min. mitdünsten, mit Wein ablöschen. Wein etwa 1 Min. einkochen lassen, dann den Fond, die Maronen und 2 Thymianzweige unterrühren. Zugedeckt ca. 20 Min. bei mittlerer Hitze kochen lassen. Inzwischen von dem übrigen Thymian die Blättchen abzupfen und grob hacken. Die Sahne leicht steif schlagen.

3 Die Thymianzweige aus der Suppe entfernen, die Suppe mit einem Pürierstab fein pürieren. Mit Salz, Pfeffer und Zitronensaft abschmecken. Maronencremesuppe auf Teller oder in Suppenschalen verteilen, jeweils etwas Sahne einrühren. Mit gehacktem Thymian bestreuen und servieren.

Kürbiscremesuppe mit Vanille

ZUTATEN für 4 Personen:
1 kg Kürbis (z. B. Moschuskürbis, geputzt ca. 750 g)
1 großer Apfel (z. B. Boskop)
1 Stange Lauch | 1 Zwiebel
½ Vanilleschote
2 EL Butter | 2 EL Zucker
900 ml Gemüse- oder Hühnerbrühe
1 Msp. Zimtpulver
Salz | Pfeffer
100 g Sahne
2–3 EL frisch gepresster Zitronensaft

ZUBEREITUNGSZEIT: 40 Min.
GARZEIT: 25 Min.
PRO PORTION: ca. 230 kcal

1 Vom Kürbis die Schale und den inneren, faserigen Teil samt Kernen wegschneiden, das Fruchtfleisch grob würfeln. Apfel waschen, vierteln, entkernen und klein schneiden. Den Lauch längs halbieren, waschen, putzen und in schmale Streifen schneiden. Die Zwiebel schälen und fein würfeln. Die Vanilleschote längs aufschlitzen und das Mark herauskratzen.

2 Butter in einem Topf schmelzen, darin Zwiebel und Lauch bei mittlerer Hitze langsam andünsten. Den Zucker darüberstreuen und unter Rühren goldbraun karamellisieren lassen. Kürbis und Apfel dazugeben und 2 Min. mitdünsten, dann mit Brühe ablöschen. Vanillemark und -schote mit dem Zimt in die Suppe geben, salzen und pfeffern, zugedeckt bei mittlerer Hitze 20–25 Min. kochen lassen.

3 Dann die Sahne unter die Suppe rühren und heiß werden lassen. Die Kürbissuppe mit einem Pürierstab fein pürieren. Mit Zitronensaft, Salz und Pfeffer abschmecken. Nach Wunsch mit Thymiancroûtons (siehe links) und mit Apfelstiften bestreut servieren.

Kartoffel-Parmesan-Soufflé mit Wacholderpilzragout

ZUTATEN für 4 Personen:

Für das Soufflé:
500 g mehligkochende Kartoffeln
Salz | 2 Eier (M)
1 Eiweiß | 40 g weiche Butter
100 g Crème fraîche
1/3 Bund Petersilie | Pfeffer
frisch geriebene Muskatnuss
40 g frisch geriebener Parmesan
4 Souffléförmchen (je 300 ml)
Butter und Semmelbrösel für die Förmchen

Für das Ragout:
10 g getrocknete Totentrompeten (gibt es im sehr gut sortierten Feinkostgeschäft oder übers Internet zu kaufen, ersatzweise 20 g getrocknete Pfifferlinge oder Steinpilze)
800 g gemischte frische Pilze (z. B. braune Champignons, Kräutersaitlinge, Pfifferlinge)
3 Schalotten | 4 Nelken
12 Wacholderbeeren
2 EL Olivenöl | 2 EL Butter
Salz | Pfeffer
200 g Sahne
2/3 Bund Petersilie
1–2 Spritzer frisch gepresster Zitronensaft

ZUBEREITUNGSZEIT: 1 Std. 30 Min.
EINWEICHZEIT: 5 Std.
PRO PORTION: ca. 610 kcal

1 Für das Ragout die Totentrompeten in eine kleine Schüssel geben und mit ¼ l kochend heißem Wasser übergießen, 5 Std. einweichen lassen.

2 Für das Soufflé Kartoffeln waschen und in ausreichend Salzwasser in 20–25 Min. bei mittlerer Hitze zugedeckt weich garen. Abgießen und im Topf auf der ausgeschalteten Herdplatte ausdampfen lassen. Die Kartoffeln möglichst noch heiß pellen und durch eine Kartoffelpresse drücken.

3 Inzwischen den Backofen auf 180° vorheizen. Förmchen mit reichlich Butter einfetten und mit Semmelbröseln ausstreuen. Die Eier trennen, alle Eiweiße mit 1 Prise Salz steif schlagen. Butter mit den Quirlen des Handrührgeräts cremig rühren, Crème fraîche unterrühren. Petersilie abbrausen und trocken schütteln, die Blättchen abzupfen und fein hacken.

4 Warme Kartoffeln zur Crème-fraîche-Butter geben, mit Salz, Pfeffer und Muskat würzen und mit einem Löffel locker, aber gründlich verrühren. Die Eigelbe unterrühren, dann den Eischnee mit Parmesan und Petersilie unter die Kartoffeln heben. Die Masse in die Förmchen füllen und glatt streichen. Soufflés im Ofen (Mitte, Umluft 160°) in ca. 40 Min. goldbraun backen.

5 Inzwischen Totentrompeten in ein Sieb gießen, das Einweichwasser auffangen, die Pilze ausdrücken und fein hacken. Frische Pilze putzen, je nach Größe ganz lassen, halbieren oder vierteln. Schalotten schälen und fein würfeln. Die Nelken und Wacholderbeeren in einem Mörser fein zerstoßen. Öl und Butter in einer beschichteten Pfanne erhitzen, darin die Schalotten goldgelb andünsten. Die frischen Pilze dazugeben und bei großer Hitze 1–3 Min. anbraten. Mit etwas Einweichwasser ablöschen, mit Wacholderbeeren, Nelken, Salz und Pfeffer würzen, die Flüssigkeit einkochen lassen. Übriges Einweichwasser, 100 g Sahne und Totentrompeten dazugeben und alles offen bei mittlerer Hitze 8–10 Min. einkochen lassen.

6 Petersilie abbrausen, trocken schütteln und hacken. Übrige Sahne steif schlagen. Die fertigen Soufflés aus dem Ofen nehmen, an den Rändern mit einem Messer lösen, aus den Formen stürzen und auf Teller setzen. Pilze mit Zitronensaft, Salz und Pfeffer abschmecken, Sahne und Petersilie einrühren. Das Pilzragout um die Soufflés herum anrichten.

Skreifilets auf Orangen-Sahne-Linsen

ZUTATEN für 4 Personen:
5 Bio-Orangen
ca. ½ l Gemüsebrühe
1 große Möhre
1 Stück Knollensellerie (ca. 70 g)
1 Stück Lauch (ca. 100 g)
4 EL Olivenöl
200 g schwarze Beluga-Linsen
100 g Sahne
4 Stück Skreifilet (Winterkabeljau, mit Haut, je ca. 180 g)
Salz | Pfeffer
2 EL Butter
2 Zimtstangen

ZUBEREITUNGSZEIT: 50 Min.
PRO PORTION: ca. 575 kcal

1 Saft von 3 Orangen auspressen und mit Brühe auf 600 ml auffüllen. Das Gemüse waschen und putzen oder schälen und in ca. 5 mm große Würfel schneiden. 1 EL Olivenöl in einem Topf erhitzen, darin das Gemüse unter Rühren 2–3 Min. andünsten. Linsen und Orangenbrühe dazugeben, aufkochen. Linsen zugedeckt bei kleiner Hitze in ca. 25 Min. bissfest garen.

2 Inzwischen übrige Orangen heiß waschen, abtrocknen und mit einem Zestenreißer 1 TL Schale in feinen Streifen abziehen. Restliche Schale samt weißer Haut gründlich wegschneiden. Die Fruchtfilets zwischen den Trennhäuten herausschneiden, dabei den ablaufenden Saft auffangen und zu den Linsen gießen. Sahne steif schlagen. Fisch salzen und pfeffern.

3 Übriges Öl in einer Pfanne erhitzen. Darin den Fisch mit der Hautseite nach unten bei mittlerer Hitze 8–10 Min. braten. Nach der Hälfte der Bratzeit, Butter, Orangenschale und Zimtstangen dazugeben. Die Filets immer wieder mit der Butter beschöpfen. Den Fisch wenden und weitere 2 Min. bei kleiner Hitze ziehen lassen. Orangenfilets und Sahne unter die Linsen heben, auf Tellern verteilen. Den Fisch mit der Hautseite nach oben auf die Linsen legen, mit Bratbutter beträufeln, servieren.

Karpfenfilets auf Rahmwirsing

ZUTATEN für 4 Personen:
1 Wirsing (ca. 750 g, möglichst ohne harte Außenblätter)
1 Zwiebel
4 EL Olivenöl
200 g Sahne
Salz | Pfeffer
frisch geriebene Muskatnuss
1 Bio-Zitrone
4 Karpfenfilets (ohne Haut und Bauchlappen, je ca. 180 g)
2 EL Butter
Mehl zum Wenden

ZUBEREITUNGSZEIT: 40 Min.
PRO PORTION: ca. 550 kcal

1 Wirsing vierteln, waschen, putzen und den Strunk herausschneiden. Die Blätter in ca. 2 cm breite Streifen schneiden. Zwiebel schälen und fein würfeln. 2 EL Öl in einem Topf erhitzen, darin die Zwiebel goldgelb andünsten. Wirsing dazugeben und 2 Min. unter Rühren mitdünsten. Die Sahne dazugießen, mit Salz, Pfeffer und Muskat würzen. Den Wirsing zugedeckt bei mittlerer Hitze 10 Min. garen.

2 Inzwischen Zitrone heiß waschen und abtrocknen, die Hälfte der Schale fein abreiben, Saft auspressen. Fischfilets quer halbieren und mit Zitronensaft (1 EL zurückbehalten) beträufeln, 3 Min. ziehen lassen. Dann die Filets trocken tupfen, salzen, pfeffern und in Mehl wenden, das überschüssige Mehl abschütteln. Die Zitronenschale zum Wirsing geben und den Kohl in 5–7 Min. fertig garen, dann mit übrigem Zitronensaft abschmecken.

3 Währenddessen übriges Öl und die Butter in einer beschichteten Pfanne erhitzen, darin die Karpfenfilets auf jeder Seite in 2–3 Min. braun braten. Den Rahmwirsing auf Tellern verteilen und die Karpfenfilets darauflegen.

Schinkenbraten mit Honig-Senf-Glasur

ZUTATEN für 6 Personen:
1,5 kg ungekochter Schinken (gepökelt und geräuchert, mit Schwarte, ohne Knochen, beim Metzger vorbestellen)
1 große Möhre
1 Petersilienwurzel
1 Stück Lauch (ca. 100 g)
1 TL schwarze Pfefferkörner
1 TL Pimentkörner
6 Nelken
10 Wacholderbeeren
2 EL Honig
1 ½ EL scharfer Senf
Pfeffer
50 g Roh-Rohrzucker

ZUBEREITUNGSZEIT: 30 Min.
GARZEIT: 2 Std. 10 Min.
PRO PORTION: ca. 380 kcal

1 Schinken gut waschen, in einen Topf geben und mit Wasser bedecken, zum Kochen bringen. Inzwischen Möhre und Petersilienwurzel schälen, Lauch waschen und putzen, Gemüse in grobe Stücke schneiden. Sobald das Schinkenwasser kocht, den Schinken in ein Sieb gießen und gut abbrausen, den Topf auswaschen, dann den Schinken erneut mit ausreichend Wasser in den Topf geben. Gemüse und die ganzen Gewürze dazugeben (die Wacholderbeeren am besten vorher anquetschen) und alles bei kleiner Hitze zugedeckt ca. 1 Std. 30 Min. ganz sanft gar köcheln lassen.

2 Kurz vor Garzeitende den Backofen auf 190° vorheizen. Schinken aus der Brühe heben und leicht abkühlen lassen. Inzwischen Honig und Senf verrühren. Die Schinkenschwarte mit einem scharfen Messer abschneiden, dabei eine 5–8 mm dicke Fettschicht stehen lassen. Fett trocken tupfen und mit dem Messer rautenförmig einschneiden, dabei nicht zu tief oder gar ins Fleisch schneiden. Den Schinken mit der Fettseite nach oben in eine hitzebeständige Form oder Reine legen. Mit etwa der Hälfte des Honigsenfes bepinseln, pfeffern und mit etwa der Hälfte des Zuckers bestreuen.

3 In die Form oder Reine ca. 200 ml Kochbrühe gießen und den Schinken im Ofen (Mitte, Umluft 175°) 30–40 Min. braten, dabei nach 15 Min. mit dem restlichen Honigsenf bestreichen, mit übrigem Zucker bestreuen und den Schinken im Ofen nach oben stellen (nicht zu nahe an die Heizröhren). Die Fettkruste sollte schön dunkelbraun karamellisieren, ohne dass der Zucker dabei verbrennt. Deshalb in den letzten 15 Min. gut aufpassen und die Temperatur gegebenenfalls reduzieren, oder erhöhen, falls die Kruste zu wenig bräunt. Der Schinken schmeckt warm als Braten zu Rotkraut (siehe Seite 195), glasiertem Möhren-Petersilienwurzel-Gemüse (siehe Seite 39) und Kartoffelbrei oder kleinen, in Butter gebratenen Pellkartöffelchen. Kalt und in dünne Scheiben geschnitten passt dazu auch die Cranberry-Apfel-Sauce von Seite 205.

TIPP – Schinken für eine große Runde
Wer zahlreiche Gäste bekochen oder den Schinken für ein umfangreiches Büfett zubereiten möchte, nimmt einfach ein größeres Stück. Den Schinken dann pro zusätzlichem Kilo 20 Min. länger in der Brühe garen. Die Zeit im Ofen bleibt etwa gleich. Die gesiebte Kochbrühe ist übrigens eine wunderbare Eintopfgrundlage (z. B. für den Erbseneintopf von Seite 57).

Martinsgans aus dem Ofen

ZUTATEN für 6–8 Personen:
1 küchenfertige Gans (4,5–4,8 kg)
Salz | Pfeffer
1 ½ TL getrockneter Majoran
1 ½ TL getrockneter Beifuß
3 Äpfel (z. B. Boskop)
1 Zwiebel
1 Möhre
1 Stück Knollensellerie (ca. 70 g)
1 Stück Lauch (ca. 50 g)
1 Tomate
400 ml Gänse- oder Geflügelfond (aus dem Glas)
50 ml Rotwein (ersatzweise Fond)
1 ½ TL Speisestärke
Holzspießchen und Küchengarn

ZUBEREITUNGSZEIT: 30 Min.
GARZEIT: 3 Std. 45 Min.
PRO PORTION (bei 8 Personen): ca. 1530 kcal

1 Backofen auf 200° vorheizen. Die Gans innen und außen waschen und trocken tupfen. Innen mit Salz, Pfeffer und je 1 TL Majoran und Beifuß einreiben, außen pfeffern und salzen. Äpfel waschen, abtrocknen und in die Gans stecken. Die Halsöffnung mit Hilfe von Holzspießchen zustecken und diese mit Küchengarn zusammenbinden. Gans mit der Brust nach unten auf ein tiefes Backblech legen und ½ l Wasser angießen – es verdunstet im Laufe des Garvorgangs. Die Gans im Ofen (unten, Umluft 180°) ca. 1 Std. garen, dabei unter den Keulen mehrmals mit einem Holzspießchen einstechen, sodass so viel Fett wie möglich herauslaufen kann.

2 Die Ofentemperatur auf 175° (Umluft 160°) verringern. Gans auf den Rücken drehen, mit Bratfett begießen und 1 Std. 30 Min.–1 Std. 45 Min. weitergaren, dabei ab und zu mit Bratfett beschöpfen. Sollte die Haut schon sehr bräunen, mit Backpapier abdecken. Inzwischen Zwiebel schälen und in dicke Ringe schneiden. Möhre und Sellerie schälen, Lauch waschen und putzen, Gemüse in schmale Stücke schneiden. Tomate waschen, vierteln.

3 Die Gans nochmals mit Fett begießen, dann möglichst viel von dem ausgetretenen Fett mit einem Löffel abschöpfen, dabei darauf achten, dass der Bratensatz auf dem Boden des Bleches zurückbleibt. Zwiebel, Möhre, Sellerie, Lauch und Tomate im Bratensatz rund um die Gans verteilen und alles nochmals 1 Std. garen. Währenddessen 1 TL Salz in 150 ml kaltem Wasser auflösen und die Gans damit ca. 20 Min. vor Garzeitende bepinseln – auf diese Weise wird sie schön knusprig.

4 Die Gans auf eine Platte heben und im ausgeschalteten Backofen warm halten. Etwas Fond zum Bratensatz gießen und diesen mit Hilfe eines Holzkochlöffels von dem Blech loslösen. Bratensatz und Gemüse in einen Topf geben, übrigen Fond und dem Rotwein dazugießen und auf dem Herd zum Kochen bringen. Die Stärke mit 3–5 EL kaltem Wasser verrühren und in die kochende Sauce rühren, mit restlichem Majoran und Beifuß würzen. Sauce bei mittlerer Hitze offen ca. 10 Min. einkochen lassen. Inzwischen die Gans tranchieren (die Äpfel in der Gans eignen sich nicht zum Essen, sie haben sich voll Fett gesaugt, aber schön Aroma abgegeben).

5 Die Sauce mit Salz und Pfeffer abschmecken und durch ein feines Sieb streichen, zur Gans servieren. Dazu schmecken Knödel oder Klöße (siehe Seite 189), Rotkraut (siehe Seite 195) und Cassisbirnen (siehe Seite 205).

Gekochte Kartoffelknödel

ZUTATEN für 8 Stück:
2 Scheiben Toastbrot
2 EL Butter
1 kg gut ausgedampfte Pellkartoffeln (vom Vortag, mehligkochende Sorte nehmen!)
150 g Mehl
150 g Hartweizengrieß
4 Eier (M)
Salz | Pfeffer
frisch geriebene Muskatnuss
¾ TL getrockneter Majoran
Mehl und Speisestärke zum Arbeiten
Kartoffelpresse

ZUBEREITUNGSZEIT: 50 Min.
GARZEIT: 25 Min.
PRO STÜCK: ca. 265 kcal

1 Toastbrot in ca. 1 cm große Würfel schneiden. Butter in einer kleinen beschichteten Pfanne schmelzen. Darin Brotwürfel unter Rühren knusprig braun braten, zum Entfetten auf Küchenpapier geben.

2 Kartoffeln pellen und durch eine Kartoffelpresse auf eine leicht bemehlte Arbeitsplatte drücken. Mehl und Grieß darüberstreuen, die Eier dazugeben, mit Salz, Pfeffer, Muskat und Majoran würzen. Alles zwischen den Handflächen locker zerreiben, dann mit wenig Druck zusammenkneten.

3 Den Knödelteig in acht Portionen teilen. Jedes Teigstück mit bemehlten Händen leicht platt drücken, in die Mitte ein paar Brotwürfel geben, Teig darüber schließen und zu einem runden Knödel formen. Hände mit Stärke bestäuben und die Knödel nochmals rollen, so glänzen sie später schön.

4 Reichlich Wasser in einem großen Topf zum Kochen bringen, salzen. Hitze reduzieren und die Knödel ins leicht siedende Wasser gleiten lassen. Bei kleiner Hitze offen garen, bis sie an die Oberfläche steigen, dann in weiteren 20–25 Min. fertig garen. Die Knödel mit einem Schaumlöffel aus dem Wasser heben, abtropfen lassen und servieren.

Rohe Klöße nach Thüringer Art

ZUTATEN für 8 Stück:
2 Scheiben Toastbrot
60 g Butter
1 kg mehligkochende Kartoffeln
¼ l Milch
Salz | Pfeffer
frisch geriebene Muskatnuss
200 g Hartweizengrieß

ZUBEREITUNGSZEIT: 40 Min.
GARZEIT: 25 Min.
PRO PORTION: ca. 240 kcal

1 Das Toastbrot in ca. 1 cm große Würfel schneiden. 1 EL Butter in einer kleinen beschichteten Pfanne schmelzen. Darin Brotwürfel unter Rühren knusprig braun braten, zum Entfetten auf Küchenpapier geben.

2 Kartoffeln schälen, waschen und auf einer Rohkostreibe fein reiben. Kartoffeln auf ein Küchentuch geben, dieses zu einem Beutel zusammendrehen und so viel Flüssigkeit wie möglich aus den Kartoffeln pressen. Dann die Kartoffeln in einem Sieb abtropfen lassen.

3 Milch und übrige Butter zum Kochen bringen, mit 1 ½ TL Salz, Pfeffer und Muskat würzen. Grieß einstreuen, unter Rühren aufkochen, sofort mit den Kartoffeln vermengen. Die Masse mit Salz und Pfeffer abschmecken.

4 Wie oben beschrieben aus der Kartoffelmasse und den Brotwürfeln acht gefüllte Klöße formen (allerdings ohne Mehl und Stärke) und in reichlich Salzwasser garen. Die Klöße herausheben und servieren.

Gebratene Steinpilzpolenta mit Rosmarin

ZUTATEN für 4 Personen:
30 g getrocknete Steinpilze
1 Zweig Rosmarin
½ Knoblauchzehe
400 ml Gemüsebrühe oder -fond (aus dem Glas)
Salz | Pfeffer
150 g Instant-Polenta (vorgegarter Polenta-Maisgrieß)
Öl für die Form
Butterschmalz zum Braten

ZUBEREITUNGSZEIT: 50 Min.
KÜHLZEIT: 3 Std.
PRO PORTION: ca. 145 kcal

1 Die Steinpilze 15 Min. in ¼ l heißem Wasser einweichen. Inzwischen Rosmarin abbrausen und trocken schütteln, die Blättchen abstreifen und fein hacken. Den Knoblauch schälen. Brühe oder Fond in einem Topf zum Kochen bringen. Eine rechteckige Form (ca. 12 x 20 cm) mit Öl einpinseln.

2 Pilze in ein Sieb gießen, Einweichwasser auffangen. Pilze fein hacken, mit 100 ml Einweichwasser, Rosmarin und Knoblauch zu Brühe oder Fond geben und 15 Min. offen bei mittlerer Hitze kochen lassen. Den Knoblauch entfernen, Sud salzen und pfeffern, dann den Polentagrieß unter ständigem Rühren nach und nach einrieseln lassen. Die Polentamasse unter Rühren 2–3 Min. nachquellen lassen, dann in die Form geben und glatt und fest hineindrücken. Gut abdecken und mindestens 3 Std. kalt stellen.

3 Polenta aus der Form stürzen und in Streifen (ca. 3 x 6 cm) schneiden. So viel Schmalz in einer beschichteten Pfanne schmelzen, dass der Boden knapp bedeckt ist. Darin Polentastreifen bei mittlerer Hitze auf jeder Seite in ca. 4 Min. knusprig braun braten und sofort servieren. Besonders gut schmecken sie zu Wildschweinpfeffer (siehe Seite 237), Hirschmedaillons (siehe Seite 197) oder zu einer Rehkeule (siehe Seite 199).

Herzoginkartoffeln aus dem Ofen

ZUTATEN für 6 Personen:
1 kg mehligkochende Kartoffeln
Salz | 75 g weiche Butter
3 Eigelb (M) | 2 Eier (M)
2 EL Mehl
30 g frisch geriebener Allgäuer Emmentaler oder milder Bergkäse
Pfeffer
frisch geriebene Muskatnuss
2 EL Milch
Kartoffelpresse
Butter für das Blech
Spritzbeutel mit goßer Sterntülle

ZUBEREITUNGSZEIT: 1 Std.
BACKZEIT: 20 Min.
PRO PORTION: ca. 280 kcal

1 Kartoffeln schälen, waschen, halbieren oder vierteln und in ausreichend Salzwasser in 20–25 Min. gar kochen. Abgießen und auf der ausgeschalteten Herdplatte gut ausdampfen lassen, dann vom Herd nehmen. Kartoffeln durch eine Kartoffelpresse drücken und lauwarm abkühlen lassen.

2 Zwischenzeitlich Backofen auf 180° (Umluft 160°) vorheizen, ein Backblech dick mit Butter einfetten. Butter in Flöckchen in eine Schüssel geben und mit den Quirlen des Handrührgeräts cremig rühren. 2 Eigelbe und die Eier nacheinander jeweils gründlich unterrühren, dann Mehl und zuletzt den Käse unterrühren. Kartoffeln mit einem Löffel gründlich untermengen. Die Masse mit Salz, Pfeffer und Muskat abschmecken.

3 Die Kartoffelmasse in den Spritzbeutel füllen und mit etwas Abstand zueinander als große Tupfen (5–6 cm Ø) auf das Blech spritzen. Restliches Eigelb mit der Milch verquirlen und die Häufchen damit bestreichen. Im Ofen (Mitte) 15–20 Min. backen, bis sie schön bräunen. Herzoginkartoffeln mit einer Palette vorsichtig vom Blech lösen und sofort servieren.

Rosenkohlblättchen mit Champignons

ZUTATEN für 4 Personen:
750 g Rosenkohl (möglichst große Röschen)
Salz
150 g kleine braune Champignons
1 EL Olivenöl
2 EL Butter
Pfeffer
frisch geriebene Muskatnuss
1 Spritzer Sojasauce

ZUBEREITUNGSZEIT: 30 Min.
PRO PORTION: ca. 125 kcal

1 Den Rosenkohl waschen, unschöne Blätter entfernen und die Strünke großzügig abschneiden. Die Blätter der Kohlröschen nacheinander einzeln ablösen – dazu am besten immer wieder ein Stück Strunk abschneiden.

2 In einem großen Topf ausreichend Wasser aufkochen, salzen und die Rosenkohlblättchen darin 3–5 Min. garen. Die Blättchen vorsichtig in ein Sieb gießen und kurz mit eiskaltem Wasser abschrecken, gut abtropfen lassen oder auf ein Küchentuch geben und ganz vorsichtig trocken tupfen.

3 Die Pilze sauber abreiben, putzen und in ca. 5 mm dicke Scheiben schneiden. In einer hohen beschichteten Pfanne oder in einem Wok das Öl erhitzen. Die Champignons hineingeben und bei großer Hitze rundherum goldbraun braten, dabei nach kurzem Anbraten die Butter dazugeben und unterrühren.

4 Sind die Pilze goldbraun, leicht salzen und pfeffern. Rosenkohlblätter dazugeben und unter Rühren warm werden lassen. Mit Salz, Pfeffer, Muskat und Sojasauce abschmecken und möglichst sofort servieren.

TIPP – Rosenkohl gut vorbereitet
Möchte man das Gericht nicht sofort zubereiten und servieren, kann man die Rosenkohlblättchen bis zum Abschrecken und Trocknen vorbereiten und bis zum Gebrauch kühl stellen. Dann die Champignons frisch braten und die Blättchen dazugeben, abschmecken und auf den Tisch stellen.

Rotkraut mit karamellisierten Maronen

ZUTATEN für 4 Personen:
1 Rotkohl (ca. 1 kg)
1 große Zwiebel
1 großer Apfel (z. B. Boskop)
2 EL Gänseschmalz (ersatzweise Butterschmalz)
4–5 EL Rotweinessig
100 ml Rotwein
Salz | Pfeffer
200 g gegarte Maronen (Esskastanien, vakuumverpackt)
2 EL feinster Zucker
½ EL Butter

ZUBEREITUNGSZEIT: 30 Min.
GARZEIT: 50 Min.
PRO PORTION: ca. 235 kcal

1 Den Rotkohlkopf längs vierteln, äußere welke Blätter entfernen und den Strunk großzügig herausschneiden. Die Viertel waschen und quer in 4–5 mm dicke Streifen schneiden. Die Zwiebel schälen und fein würfeln. Apfel schälen, vierteln, entkernen und in kleine Stücke schneiden.

2 Schmalz in einem Topf schmelzen. Darin die Zwiebel bei mittlerer Hitze langsam glasig dünsten. Kohl und Apfel dazugeben, kurz mitdünsten, dann mit 3–4 EL Essig und dem Wein ablöschen, salzen, pfeffern und zugedeckt 40–50 Min. garen, eventuell wenig Wasser dazugeben. Zum Schluss das Rotkraut mit übrigem Essig, Salz und Pfeffer abschmecken.

3 Kurz vor Ende der Garzeit die Maronen aus der Packung nehmen und auseinanderlösen (sie kleben meist aneinander). Zucker in eine kleine beschichtete Pfanne streuen, bei mittlerer Hitze goldbraun karamellisieren lassen. Die Pfanne vom Herd nehmen, die Butter dazugeben und kurz aufschäumen lassen. Maronen dazugeben und unter vorsichtigem Rühren bei kleiner Hitze so lange heiß werden lassen, bis sich der Karamell vollständig gelöst hat. Maronen dann samt Karamell unters Rotkraut heben, servieren.

Selleriepüree mit Thymianwalnüssen

ZUTATEN für 4 Personen:
1 Knolle Sellerie (ca. 1,5 kg)
Salz
40 g Walnusskerne
1 Knoblauchzehe
4 Zweige Thymian
120 g Butter
2–3 EL Sahne
Pfeffer
frisch geriebene Muskatnuss

ZUBEREITUNGSZEIT: 40 Min.
PRO PORTION: ca. 380 kcal

1 Den Sellerie schälen und in ca. 2 cm große Würfel schneiden. Selleriewürfel in einen Topf mit ausreichend Wasser geben, aufkochen, salzen und zugedeckt in 15–20 Min. bei mittlerer Hitze gar kochen.

2 Inzwischen Walnüsse grob hacken. Knoblauch schälen und in dünne Scheiben schneiden. Thymian abbrausen und trocken schütteln, Blättchen abzupfen und hacken.

3 Sellerie in ein Sieb gießen, zurück in den Topf geben und mit einem Pürierstab cremig pürieren, dabei nach und nach 80 g Butter in Stückchen dazugeben. Die Sahne unterziehen und das Püree mit Salz, Pfeffer und Muskat würzen. In eine Schüssel geben und zugedeckt warm halten.

4 Übrige Butter in einer kleinen beschichteten Pfanne schmelzen. Darin den Knoblauch andünsten, Thymian und Walnüsse dazugeben, kurz mitdünsten. Alles über dem Püree verteilen und servieren.

Hirschmedaillons mit Walnusshaube

ZUTATEN für 4 Personen:
8 Medaillons vom Hirschkalb (je ca. 100 g)
8 dünne Scheiben Frühstücksspeck (Bacon)
Salz | Pfeffer
3 Schalotten
2 Scheiben Toast (vom Vortag)
50 g Walnusskerne
50 g Butter
3 EL gehackte Petersilie
1 TL gehackter Thymian
2 EL Sonnenblumenöl
frisch geriebene Muskatnuss
Küchengarn

ZUBEREITUNGSZEIT: 45 Min.
PRO PORTION: ca. 625 kcal

1 Die Medaillons leicht flach drücken. Je 1 Scheibe Speck fest rings um die Medaillons wickeln und mit Küchengarn gut festbinden. Beidseitig salzen und pfeffern. Schalotten schälen und fein würfeln. Toast in einem elektrischen Blitzhacker zerkrümeln, herausnehmen. Die Walnüsse im Blitzhacker nicht zu fein hacken.

2 In einer kleinen Pfanne 1 EL Butter schmelzen. Darin die Schalotten bei mittlerer Hitze in 8–10 Min. goldgelb dünsten. Kräuter unterrühren, vom Herd nehmen, Toast und Nüsse untermischen, leicht abkühlen lassen.

3 Backofen auf 200° vorheizen. Öl und 1 EL Butter in einer hitzebeständigen Pfanne erhitzen, Medaillons darin pro Seite ca. 2 Min. bei großer Hitze anbraten, vom Herd nehmen. Übrige Butter mit der Nussmasse vermengen und mit Salz, Pfeffer und Muskat würzen. Die Masse gleichmäßig auf den Medaillons verteilen und zu kleinen Hauben festdrücken. Die Medaillons im Ofen (Mitte, Umluft nicht empfehlenswert) ca. 5 Min. braten, bis die Walnusshaube goldbraun ist. Dazu passt Polenta (siehe Seite 191) und Rosenkohl oder Rotkraut (siehe Seite 194 und 195).

Entenbrust in Zimt-Anis-Sauce

ZUTATEN für 4 Personen:
4 Entenbrustfilets (je ca. 300 g)
6 Saftorangen
1 ½ Zimtstangen
3 Sternanise
Salz | Pfeffer
300 ml Enten- oder Geflügelfond (aus dem Glas)
200 ml Weißwein (ersatzweise Fond)
1 TL scharfer Senf
2 EL (Bitter-)Orangenmarmelade
100 g Sahne

ZUBEREITUNGSZEIT: 35 Min.
MARINIERZEIT: 18 Std.
PRO PORTION: ca. 700 kcal

1 Haut der Entenbrustfilets rautenförmig einschneiden. 2 Orangen auspressen, Saft mit Zimtstangen und Anisen in einen Gefrierbeutel geben. Entenbrüste einlegen, Beutel verschließen und die Brüste im Kühlschrank 18 Std. (am besten über Nacht) durchziehen lassen, dabei einmal wenden.

2 Dann den Backofen auf 180° (Umluft 160°) vorheizen. Übrige Orangen auspressen – es sollten 300 ml Saft sein. Die Entenbrüste aus der Marinade nehmen und trocken tupfen, salzen und pfeffern. Eine beschichtete Pfanne erhitzen, Entenbrüste mit der Haut nach unten einlegen und bei großer Hitze in 3 Min. braun anbraten, wenden, 1–2 Min. weiterbraten. Mit der Haut nach oben in eine hitzebeständige Form legen und im Ofen (Mitte) in 12–15 Min. fertig garen. Pfanne nicht säubern, nur das Fett abgießen.

3 Fond, Wein, Orangensaft und Marinade samt Gewürzen in die Pfanne geben und bei großer Hitze auf ein Drittel einkochen. Mit Salz, Pfeffer, Senf und Orangenmarmelade würzen, Sahne einrühren und 1–2 Min. köcheln lassen, die Sauce warm halten. Entenbrüste aus dem Ofen nehmen, kurz ruhen lassen, dann in Scheiben schneiden und mit der Sauce servieren.

Rehkeule mit Hagebuttensauce

ZUTATEN für 6 Personen:
1 Rehkeule (ca. 1,7 kg, ohne Knochen)
Salz | Pfeffer
2–3 EL Mehl
20 g getrocknete Steinpilze
2 Zwiebeln
1 Stück Knollensellerie (ca. 150 g)
2 Möhren
1 TL Wacholderbeeren
½ TL schwarze Pfefferkörner
6 Zweige Thymian
1 Zweig Rosmarin
3 EL Tomatenmark
½ l Rotwein (z. B. Spätburgunder, ersatzweise Fond)
1,2 l Wildfond (aus dem Glas)
2 TL Wildgewürz
1 ½ EL Speisestärke
4–5 EL Sahne
4 EL Hagebuttenkonfitüre
Öl zum Braten
Küchengarn

ZUBEREITUNGSZEIT: 1 Std.
GARZEIT: 1 Std. 45 Min.
PRO PORTION: ca. 495 kcal

1 Die Rehkeule waschen und gut trocken tupfen. Fett, Häutchen und Sehnen wegschneiden, anschließend die Keule mit Küchengarn kompakt zusammenbinden, salzen, pfeffern und mit dem Mehl bestäuben, Mehl leicht andrücken, überschüssiges Mehl abschütteln.

2 Pilze in einer kleinen Schüssel mit ¼ l heißem Wasser übergießen und 10 Min. einweichen. Zwiebeln schälen, fein würfeln. Sellerie und Möhren schälen und ca. 1 cm groß würfeln. Wacholderbeeren und Pfefferkörner in einem Mörser grob zerstoßen. Kräuter abbrausen und trocken schütteln.

3 So viel Öl in einem Bräter erhitzen, dass der Boden knapp bedeckt ist. Darin die Keule bei großer Hitze ca. 6 Min. rundherum anbraten (auf den breiten Seiten je 2 Min., auf den schmalen Seiten und Enden je 30 Sek.). Beim Wenden Holzlöffel verwenden, das Fleisch nicht mit der Gabel einstechen. Keule aus dem Bräter nehmen. Die Pilze in ein Sieb gießen.

4 Den Backofen auf 200° (Umluft 180°) vorheizen. Falls nötig, noch etwas Öl zum Bratensatz in den Bräter geben. Zwiebeln und Gemüse dazugeben und bei mittlerer Hitze unter Rühren 2–3 Min. braten, bis alles ganz leicht bräunt. Tomatenmark, Wacholderbeeren und Pfefferkörner dazugeben und unter Rühren 1–2 Min. mitrösten. Mit 1 Schuss Rotwein ablöschen und diesen vollständig einkochen lassen. Diesen Vorgang noch zweimal wiederholen. Dann übrigen Wein und Fond dazugießen und aufkochen. Kräuter, Pilze und Wildgewürz unterrühren, Keule einlegen und den Bräter in den Ofen (unten) stellen. Die Rehkeule offen ca. 15 Min. garen, dann die Ofentemperatur auf 150° (Umluft 140°) reduzieren, den Deckel auflegen und die Keule zugedeckt 1 Std. 30 Min. garen, dabei ein- bis zweimal wenden.

5 Keule aus dem Bräter nehmen und in Alufolie einschlagen. Sauce durch ein feines Sieb in einen Topf gießen, dabei so viel Flüssigkeit wie möglich aus dem Gemüse pressen. Die Sauce zum Kochen bringen, die Stärke mit 3–4 EL kaltem Wasser verrühren und in die kochende Sauce gießen. Offen bei großer Hitze in 20–25 Min. um gut ein Drittel einkochen lassen.

6 Hitze reduzieren, Sahne und Konfitüre in die Sauce einrühren und mit Salz und Pfeffer abschmecken. Die Rehkeule vom Küchengarn befreien, in Scheiben schneiden und in der Sauce heiß werden lassen, servieren. Dazu schmecken Herzoginkartoffeln, Polenta (beides Seite 191) oder Kartoffelklöße (siehe Seite 189) und eines der Gemüse von Seite 194/195.

Roastbeef mit Holunder-Zwiebel-Sauce

ZUTATEN für 4–6 Personen:

Für das Roastbeef:
1,2 kg Roastbeef
Salz | Pfeffer
4 Zweige Thymian
1 ½ EL scharfer Senf
Öl zum Braten

Für die Sauce:
500 g kleine Zwiebeln (ersatzweise Schalotten)
1 gehäufter EL Zucker (eventuell etwas mehr zum Abschmecken)
350 ml Holunderbeersaft
200 ml Rinderfond (aus dem Glas)
150 ml Portwein (ersatzweise roter Traubensaft)
3 Zweige Thymian
1 Zweig Rosmarin
Salz | Pfeffer

ZUBEREITUNGSZEIT:
1 Std. 10 Min.
PRO PORTION (bei 6 Personen):
ca. 465 kcal

1 Den Backofen auf 120° vorheizen. Von dem Roastbeef eventuell Sehnen oder Häutchen wegschneiden, den Fettrand aber auf keinen Fall entfernen! Das Fleisch mit Salz und Pfeffer würzen. Thymian abbrausen und trocken schütteln, Blättchen abzupfen und fein hacken. Thymian mit dem Senf verrühren und das Roastbeef rundherum damit bestreichen.

2 So viel Öl in einer großen beschichteten Pfanne erhitzen, dass der Boden ganz knapp bedeckt ist. Darin das Fleisch bei großer Hitze auf der Fettseite 1–2 Min. anbraten, wenden und auf der anderen Seite ebenfalls 1–2 Min. anbraten, dann auch auf den Seiten und Enden jeweils 1–2 Min. anbraten, dabei nicht mit einer Gabel oder einem Messer einstechen, am besten mit Holzlöffeln arbeiten. Das Roastbeef auf einen Ofenrost legen und in den Ofen (Mitte, Umluft nicht empfehlenswert) schieben, ein tiefes Blech als Tropfschutz darunterschieben. Das Roastbeef ca. 45 Min. garen (wer ein Bratenthermometer hat: von einer Seite tief in die Mitte des Fleisches stecken – bei rund 60° ist es ideal rosa gegart).

3 Inzwischen für die Sauce Zwiebeln mit kochend heißem Wasser übergießen und kurz ziehen lassen, dann schälen und längs in schmale Spalten schneiden. Zucker in einen Topf streuen und bei mittlerer Hitze goldbraun karamellisieren lassen. Die Zwiebeln dazugeben und sofort Holundersaft, Fond und Portwein angießen – Achtung: Es kann spritzen! Den Karamell unter Rühren loskochen. Den Thymian und Rosmarin abbrausen, trocken schütteln, dazugeben. Alles 25–30 Min. kochen lassen, bis sich die Flüssigkeit auf etwa die Hälfte reduziert hat. Mit Salz, Pfeffer und eventuell etwas Zucker abschmecken. Kräuterzweige vor dem Servieren entfernen.

4 Roastbeef aus dem Ofen nehmen und in Alufolie einschlagen, 3–4 Min. ruhen lassen. Dann das Fleisch in dünne Scheiben schneiden und mit der Holunder-Zwiebel-Sauce servieren. Dazu passen Herzoginkartoffeln oder Polenta (beides Seite 191).

ZUTATEN für 4 Personen:
1–2 Quitten (ca. 600 g)
frisch gepresster Saft von 1 Zitrone
1 Zimtstange
5 Nelken
350 g Zucker
Butter für die Form

ZUBEREITUNGSZEIT: 20 Min.
GARZEIT: 50 Min.
PRO PORTION: ca. 390 kcal

Ofenquitten mit Gewürzen

1 Die Quitten waschen, schälen (mit einem Sparschäler oder einem Messer mit fester Klinge) und je nach Größe vierteln oder achteln, das Kerngehäuse entfernen. Achtel quer halbieren, große Viertel in je 3–4 Stücke schneiden. Die Quitten sofort in einen Topf mit ½ l Wasser und dem Zitronensaft geben. Zimt, Nelken und 300 g Zucker dazugeben und alles offen bei mittlerer Hitze 15–20 Min. kochen, bis die Quitten gar, aber nicht zu weich sind. Inzwischen den Backofen auf 220° (Umluft 200°) vorheizen. Eine kleine Auflaufform dick mit Butter einfetten.

2 Die Quittenstücke mit einem Schaumlöffel aus dem Kochsud heben und in der Form verteilen (sie sollten möglichst dicht an dicht liegen), 3–4 EL Sud darüberlöffeln, dann übrigen Zucker darüberstreuen. Im Ofen (Mitte) 20–30 Min. garen. In der Zeit den Sud bei großer Hitze offen auf die Hälfte einkochen lassen.

3 Während der Garzeit ein- bis zweimal 1–3 EL von dem eingekochten Quittensud über die Früchte im Ofen träufeln und diese auch mit dem ausgetretenen Fruchtsaft in der Form überschöpfen. Die Quitten sollten hellorange werden und an den Rändern leicht bräunen. Sie schmecken lauwarm hervorragend zu Wildgerichten (z. B. zu Rehkeule, Seite 199, oder zu Hirschmedaillons, Seite 197), Martinsgans (siehe Seite 186) oder Ente (siehe Seite 80, 197).

ZWEITVERWERTUNG – Quittensud wird zu Sirup
Da es schade wäre, den übrigen eingekochten Quittensud einfach wegzuschütten: Den Sud einfach nochmals in 3–4 Min. bei großer Hitze offen zu einem Sirup einkochen lassen und in eine gründlich gesäuberte, gut verschließbare Flaschen füllen. Den Qittensirup kann man mit Mineralwasser mischen oder mit kühlem Weißwein aufgegossen als Aperitif genießen.

Cranberry-Apfel-Sauce

ZUTATEN für 4–6 Personen:
1 großer Apfel (z. B. Boskop)
1 Stück Ingwer (ca. 5 cm)
250 g frische Cranberrys (ersatzweise TK-Cranberrys)
100 g Zucker
200 ml Apfelsaft
1 Sternanis
4–6 EL frisch gepresster Zitronensaft

ZUBEREITUNGSZEIT: 10 Min.
GARZEIT: 40 Min.
PRO PORTION (bei 6 Personen): ca. 120 kcal

1 Apfel schälen, vierteln, entkernen und klein würfeln. Ingwer schälen und möglichst fein würfeln oder auf einer Rohkostreibe fein reiben. Die Cranberrys in einem Sieb waschen und abtropfen lassen.

2 Den Zucker in einen Topf streuen und bei mittlerer Hitze goldbraun karamellisieren lassen. Den Topf vom Herd nehmen und den Karamell vorsichtig mit dem Apfelsaft ablöschen – es kann spritzen! Wieder auf den Herd stellen, den Sternanis dazugeben und den Karamell bei großer Hitze unter Rühren kochen, bis er sich vollständig aufgelöst hat.

3 Die Cranberrys mit den Apfelstücken und 3–4 EL Zitronensaft in den Topf geben. Zugedeckt bei kleiner Hitze 35–40 Min. ganz sanft köcheln lassen, dabei ab und zu umrühren. Am Ende mit dem restlichen Zitronensaft abschmecken, den Sternanis entfernen. Die Cranberry-Apfel-Sauce schmeckt lauwarm oder kalt hervorragend zu pikanten Gerichten wie Wild (z. B. Rehkeule, siehe Seite 199) und Tafelspitz (siehe Seite 75), aber auch zu süßen Speisen wie Germknödeln (siehe Seite 243), Ofenmilchreis (siehe Seite 89) oder Eis.

Cassisbirnen mit Gewürzen

ZUTATEN für 4–8 Personen:
4 kleine, festfleischige Birnen
2 EL frisch gepresster Zitronensaft
2 Bio-Orangen
300 ml Rotwein
70 g Zucker
1 Zimtstange
1 Sternanis
5 Nelken
6 EL Cassis (Schwarzer-Johannisbeer-Likör)

ZUBEREITUNGSZEIT: 25 Min.
GARZEIT: 20 Min.
MARINIERZEIT: 4 Std.
PRO PORTION (bei 8 Personen): ca. 135 kcal

1 Die Birnen dünn schälen, dabei die Stiele möglichst nicht entfernen. Birnen längs halbieren und das Kerngehäuse sauber herausschneiden. Die Birnen sofort mit dem Zitronensaft mischen.

2 Orangen heiß waschen und abtrocknen, von 1 Orange ein breites Stück Schale dünn abschneiden, den Saft beider Orangen auspressen. Orangensaft und -schale, Wein, Zucker und Gewürze in einen Topf geben und zum Kochen bringen, dabei den Zucker unter Rühren auflösen. Den Sud offen 5 Min. bei mittlerer Hitze kochen lassen.

3 Die Birnenhälften in den Sud einlegen, Cassis darübergießen. Birnen zugedeckt 15–20 Min. köcheln lassen, bis sie weich, aber auf keinen Fall zu weich sind (sonst zerfallen sie). Dabei immer wieder mit Kochsud begießen und eventuell ein- bis zweimal wenden. Birnen im Sud auskühlen und noch 3–4 Std. ziehen lassen. Sie passen hervorragend zu Wildgerichten (z. B. Rehkeule oder Hirschmedaillons, siehe Seite 199, 197), Gans (siehe Seite 186), Roastbeef (siehe Seite 200) oder aber zu Marzipanmousse (siehe Seite 207).

Orangensülzchen mit Kardamom

ZUTATEN für 4 Förmchen (je ca. 150 ml):
6 grüne Kardamomkapseln
1 Zimtstange
60 g Zucker
6 normale Orangen
4–5 Blutorangen
5 Blatt rote Gelatine
2–3 EL Aperol (italienischer Bitteraperitif, ersatzweise alkoholfreier Bitteraperitif, z. B. Crodino)

ZUBEREITUNGSZEIT: 30 Min.
MARINIERZEIT: 12 Std.
KÜHLZEIT: 6 Std.
PRO PORTION: ca. 205 kcal

1 Kardamom in einem Mörser zerquetschen, die Zimtstange ebenfalls anquetschen und beides mit Zucker und ⅛ l Wasser in einem Topf unter Rühren zum Kochen bringen. Bei großer Hitze offen um die Hälfte einkochen lassen. Sirup 12 Std. durchziehen lassen (am besten über Nacht).

2 Von den normalen Orangen die Schale mit einem scharfen Messer so abschneiden, dass die darunterliegende weiße Haut mit entfernt wird. Die Fruchtfilets aus den Trennhäuten herausschneiden, dabei den ablaufenden Saft auffangen. Fruchtfilets in die Förmchen (oder in Tassen) schichten. Saft der Blutorangen auspressen, mit aufgefangenem Saft mischen (es sollten ¼ l sein). Die Gelatine in kaltem Wasser nach Packungsangabe einweichen.

3 Den Gewürzsirup durch ein feines Sieb in einen Topf gießen und mit Orangensaft und Aperol erhitzen. Gelatine ausdrücken und im heißen Saft unter Rühren auflösen, dann in die Förmchen gießen. Abkühlen lassen, mit Frischhaltefolie abdecken und in 6 Std. im Kühlschrank fest werden lassen. Zum Stürzen die Sülzchen an den Rändern leicht mit einem Messer lösen, Förmchen kurz in heißes Wasser stellen, dann umdrehen. Zu den Sülzchen passt Vanillesauce (siehe Seite 92).

Marzipanmousse mit Amaretto

ZUTATEN für 4–6 Personen:
5 Blatt weiße Gelatine
150 g Marzipanrohmasse
2 Eier (M)
2 Eigelb (M)
5 EL Amaretto (ersatzweise Wasser plus 3 Tropfen Bittermandelöl)
1 ½ EL Zucker
250 g Sahne

ZUBEREITUNGSZEIT: 35 Min.
KÜHLZEIT: 4 Std.
PRO PORTION (bei 6 Personen): ca. 360 kcal

1 Die Gelatine in kaltem Wasser nach Packungsangabe einweichen. Das Marzipan auf einer Rohkostreibe fein reiben und mit Eiern, Eigelben, dem Amaretto und dem Zucker in eine Schlagschüssel geben. Die Schüssel so in einen Topf mit kochendem Wasser hängen, dass der Schüsselboden das Wasser nicht berührt. Alles mit den Quirlen des Handrührgeräts in 5 Min. dickcremig aufschlagen. Gelatine ausdrücken und zügig in der warmen Creme auflösen, Schüssel vom Wasserbad nehmen.

2 Creme im Kühlschrank 10–15 Min. abkühlen lassen, bis sie zu gelieren beginnt. Die Sahne steif schlagen und vorsichtig, aber gründlich unter die gelierende Creme heben. Schüssel mit Frischhaltefolie abdecken und die Creme in mindestens 4 Std. im Kühlschrank fest werden lassen.

3 Zum Servieren mit einem großen Löffel Nocken von der Marzipanmousse abstechen. Fein dazu: Cassisbirnen (siehe Seite 205) oder Gewürzkirschen (siehe Seite 107).

Tannenhonig-Parfait mit Walnusskrokant

ZUTATEN für 1 Form (ca. 1,5 l), 10–12 Personen:
80 g Walnusskerne
80 g Zucker
4 Msp. Zimtpulver
1 Vanilleschote
400 ml Milch
4 ganz frische Eigelb (L)
150 g Tannenhonig (ersatzweise Waldhonig)
300 g Sahne
2 EL Kirschwasser (nach Belieben)

ZUBEREITUNGSZEIT: 40 Min.
KÜHL- UND GEFRIERZEIT: 6 Std.
PRO PORTION (bei 12 Personen): ca. 240 kcal

1 Die Walnüsse grob hacken. Zucker und 2 Msp. Zimt in eine kleine beschichtete Pfanne streuen und bei mittlerer Hitze goldbraun karamellisieren lassen, vom Herd nehmen. Sofort die Nüsse mit Hilfe von zwei Gabeln gründlich unter den Karamell rühren, bis sie vollständig damit überzogen sind. Nussmasse zügig flach auf ein Backpapier drücken, abkühlen lassen.

2 Die Vanilleschote längs aufschlitzen und das Mark herauskratzen. Das Mark mit Milch und übrigem Zimt in einem Topf aufkochen, 2–3 Min. bei kleiner Hitze köcheln lassen, vom Herd nehmen. Eigelbe (beim Trennen der Eier darauf achten, Eigelb und Eiweiß möglichst sauber zu trennen) und Honig in einer Schüssel mit einem Schneebesen hellcremig rühren, dann nach und nach die warme Milch unterrühren.

3 Die Eigelb-Milch-Mischung in einen Topf gießen (man kann den vom Milchkochen nehmen, allerdings sollte kein Belag am Boden sein) und bei mittlerer Hitze unter Rühren mit einem Gummispatel so lange erhitzen, bis sie cremig und dicklich wird. Dabei darauf achten, dass die Creme zwar heiß wird, aber nie kocht, sonst können die Eigelbe gerinnen. Die Creme in eine Schüssel gießen und mit den Quirlen des Handrührgeräts ca. 15 Min. luftig aufschlagen, bis sie fast kalt ist. Dann zugedeckt für 1 Std. in den Kühlschrank stellen.

4 Den Walnusskaramell grob hacken, die Sahne steif schlagen. Sahne und nach Belieben das Kirschwasser gründlich unter die gekühlte Creme heben und in eine gut verschließbare Plastikgefrierbox füllen. Walnusskrokant daraufstreuen und leicht in die Creme eindrücken. Box verschließen und das Parfait mindestens 4–5 Std. im Tiefkühlfach durchfrieren lassen.

5 Vor dem Servieren die Gefrierbox ganz kurz in heißes Wasser stellen, dann umdrehen und das Tannenhonig-Parfait herausstürzen. Das Parfait in Scheiben schneiden und auf Tellern anrichten.

Hütten-
zauber

Apfel-Zwiebel-Schmalz mit Grieben

ZUTATEN für 2 Twist-off-Gläser (je ca. ¼ l):

500 g grüner Speck (roher, unbehandelter Rückenspeck vom Schwein, eventuell beim Metzger vorbestellen)
2 Zwiebeln
1 großer Apfel (z. B. Boskop)
5 Zweige Thymian
Salz | Pfeffer

ZUBEREITUNGSZEIT: 40 Min.
GARZEIT: 1 Std. 50 Min.
PRO GLAS: ca. 1940 kcal

1 Den Speck in ca. 5 mm große Würfel schneiden. In einen weiten Topf geben und bei kleiner Hitze unter gelegentlichem Rühren so lange erhitzen, bis reichlich Fett austritt – das kann 30–45 Min. dauern, dabei sollte der Speck aber nicht bräunen.

2 Sobald die Speckwürfel wesentlich kleiner sind und in reichlich, leicht sprudelndem Fett schwimmen, die Hitze ein wenig erhöhen und den Speck ganz langsam goldbraun braten (das kann wieder gut 30–45 Min. dauern). Es ist wichtig, das Fett nicht zu stark zu erhitzen, sonst verbrennen die Grieben, aber auch nicht zu wenig, sonst werden sie nicht knusprig.

3 Zwischendurch die Zwiebeln schälen und in feine Würfel schneiden. Apfel waschen, vierteln, entkernen und ebenfalls in kleine Würfel schneiden. Thymian abbrausen und gut trocken schütteln, die Blättchen abzupfen und fein hacken.

4 Ausgelassenes Schmalz samt der Grieben in ein feines Sieb gießen, dabei das Schmalz auffangen, dann abkühlen lassen, bis es leicht cremig wird. Vorher 2–3 EL Schmalz zurück in den Topf geben, Zwiebeln und Apfel dazugeben und unter Rühren bei kleiner bis mittlerer Hitze in 15–20 Min. leicht braun braten. Thymian untermischen, salzen und pfeffern. Den Topf vom Herd nehmen und die Apfel-Zwiebel-Mischung etwas abkühlen lassen.

5 Sobald das Schmalz leicht cremig wird, die Apfel-Zwiebel-Mischung und die Grieben unterrühren und alles in sauber ausgespülte, abgetrocknete Twist-off-Gläser füllen, gut verschließen. Das Schmalz hält sich im Kühlschrank 2–3 Wochen.

Grammeln-Pogatschen

ZUTATEN für ca. 20 Stück:
1 kg grüner Speck (roher, unbehandelter Rückenspeck vom Schwein, eventuell beim Metzger vorbestellen)
⅔ Würfel Hefe (ca. 30 g)
½ TL Zucker
500 g Mehl
1 TL Salz | Pfeffer
2 gehäufte EL saure Sahne
3 Eigelb (M)
100 ml Weißwein (ersatzweise Wasser)
3–4 EL Milch
grobes Salz und Kümmelsamen zum Bestreuen
Mehl zum Arbeiten

ZUBEREITUNGSZEIT: 2 Std. 30 Min.
KÜHLZEIT: 12 Std.
RUHEZEIT: 2 Std. 5 Min.
BACKZEIT: 25 Min.
PRO STÜCK: ca. 480

1 Für die Grammeln (Grieben) Speck 5 mm groß würfeln und wie links beschrieben auslassen (die größere Menge braucht aber ca. 30 Min. länger). Grammeln in ein Sieb gießen, das ausgelassene Fett auffangen. Die Grammeln auf Küchenpapier abtropfen lassen, abgedeckt kalt stellen. Schmalz abkühlen lassen und 12 Std. (am besten über Nacht) ebenfalls kalt stellen.

2 Dann die Hefe in eine kleine Schüssel bröckeln und mit Zucker und 100 ml lauwarmem Wasser verrühren. Hefeansatz zugedeckt an einem warmen Ort 15 Min. gehen lassen.

3 Mehl, Salz und reichlich Pfeffer in einer Schüssel mischen. Saure Sahne, 2 Eigelbe und 80 g weiches Schmalz in Flöckchen daraufgeben. Den Wein lauwarm erhitzen, mit dem Hefeansatz zum Mehl geben und alles mit den Knethaken des Handrührgeräts 3–5 Min. durchkneten, dann noch von Hand 3–5 Min. kräftig kneten. Den Teig zu einer Kugel formen, in die mit Mehl ausgestreute Schüssel legen und zugedeckt 1 Std. gehen lassen.

4 Grammeln mit einem Messer oder in einem elektrischen Blitzhacker klein hacken. Den Teig kurz durchkneten und auf einer bemehlten Arbeitsfläche gut 1 cm dick ausrollen. Ein Viertel der Grammeln auf einer Hälfte des Teiges verteilen, die unbelegte Hälfte darüberklappen und den Teig wieder 1 cm dick ausrollen, 5 Min. ruhen lassen. Das Ganze noch dreimal wiederholen. Am Ende den Teig 2 cm dick ausrollen und mit einem Messer 1 cm breite Rauten einritzen, dann mit einem runden Ausstecher oder Glas (6 cm Ø) Teigkreise ausstechen und auf mit Backpapier ausgelegten Backblechen verteilen. Abdecken und nochmals 30 Min. gehen lassen.

5 Backofen auf 200° (Umluft 180°) vorheizen. Übriges Eigelb mit Milch verquirlen, die Pogatschen damit bestreichen und mit Pfeffer, grobem Salz und Kümmel bestreuen. Pogatschen im Ofen (Mitte) in 20–25 Min. goldbraun backen. Sie schmecken am besten frisch, am allerbesten lauwarm.

UND DAZU – Jagertee mit Obstler
Für 4 Tassen (je ca. 300 ml) 3 EL schwarze Teeblätter (z. B. Assam oder Ostfriesenmischung) in einen Teefilter geben und mit ½ l kochend heißem Wasser übergießen, zugedeckt 3–4 Min. ziehen lassen, dann Teefilter entfernen. ½ l trockenen Rotwein mit 1 ½ Zimtstangen, 5 Nelken und 4–5 EL Zucker in einem Topf erhitzen. Heißen Tee dazugießen, alles bei kleiner Hitze offen ca. 10 Min. leicht sieden lassen. Tee durch ein Sieb in die Tassen gießen, je 2 cl Obstbrand dazugeben. Wem der Tee zu alkohollastig ist, kann zusätzlich 100 ml frisch gepressten Orangensaft mit dem Wein erhitzen.

Wurstgröstel mit Meerrettichapfelmus

ZUTATEN für 4 Personen:

Für das Gröstel:
1 kg festkochende Kartoffeln
Salz
2 Zwiebeln
100 g durchwachsener Räucherspeck
250 g feste Blutwurst
2 Bratwürste
5 EL Butterschmalz
Pfeffer
1 EL getrockneter Majoran
1–2 EL Schnittlauchröllchen zum Bestreuen

Für das Apfelmus:
1 kleine Zwiebel
2–3 Äpfel (z. B. Boskop, ca. 750 g)
1 ½ EL frisch gepresster Zitronensaft
1 EL Sonnenblumenöl
1 Stück Meerrettich (ca. 10 cm)
Salz | Pfeffer

ZUBEREITUNGSZEIT: 1 Std. 30 Min.
PRO PORTION: ca. 690 kcal

1 Fürs Mus Zwiebel schälen und möglichst fein würfeln. Äpfel schälen, vierteln, entkernen, in kleine Stücke schneiden und sofort mit der Hälfte des Zitronensafts mischen. Öl in einem Topf erhitzen, darin Zwiebel bei kleiner Hitze goldgelb andünsten. Äpfel mit 3–4 EL Wasser dazugeben und unter gelegentlichem Rühren zugedeckt 30 Min. köcheln lassen, bis sie zerfallen, notfalls noch wenig Wasser dazugeben. Meerrettich schälen, auf der Rohkostreibe fein reiben (es braucht 2 EL davon), mit übrigem Zitronensaft mischen, unter das Apfelmus rühren. Salzen, pfeffern und abkühlen lassen.

2 Während das Mus kocht, Kartoffeln unter fließendem Wasser gründlich abbürsten und in einem Topf mit ausreichend Wasser zum Kochen bringen. Salzen und zugedeckt 20–25 Min. garen. Abgießen, ausdampfen und leicht abkühlen lassen, anschließend pellen und in Scheiben schneiden.

3 Die Zwiebeln schälen, längs halbieren und quer in schmale Streifen schneiden. Speck in 5 mm breite, kurze Streifen schneiden. Die Blutwurst in 5 mm dicke Scheiben schneiden – sollte die Wurst sehr dick sein, die Scheiben eventuell halbieren. Bratwürste in 1 cm dicke Scheiben schneiden.

4 In einer großen Pfanne 2 EL Butterschmalz schmelzen, darin beide Wurstsorten bei mittlerer Hitze anbraten, herausnehmen und zugedeckt warm stellen. Übriges Schmalz in die Pfanne geben, darin den Speck goldbraun anbraten. Speck herausheben, Kartoffeln und Zwiebeln ins Bratfett geben, mit Salz, Pfeffer und Majoran würzen. Kartoffeln einmal gut durchschwenken, dann bei mittlerer bis großer Hitze in 5–8 Min. unter gelegentlichem Wenden goldbraun braten. Speck und Würste untermischen und heiß werden lassen. Mit Salz und Pfeffer abschmecken, mit Schnittlauch bestreuen und sofort mit dem Meerrettichapfelmus auf den Tisch bringen.

RESTEVERWERTUNG – auf alpine Art

„Gröstel“ oder „Gröschtel“ wird in Österreich und Tirol auf fast allen Hütten angeboten. Anstelle von Würsten verwendet man dort meist die Reste von Schweinebraten (siehe Seite 238), Tafelspitz (siehe Seite 75) oder auch Rinderbraten. Wer also noch Überbleibsel (auch Pellkartoffeln vom Vortag!) hat, kann das Gericht damit ganz klassisch abwandeln. Wer nur kleine Fleischreste unter die Kartoffeln mengen kann, serviert das Ganze noch mit einem gebratenen Spiegelei obenauf.

Grünkohlknödel mit Speck

ZUTATEN für 4 Personen
(ca. 20 kleine Knödel):
500 g Grünkohl (möglichst zart)
Salz
1 Zwiebel
100 g durchwachsener Räucherspeck
1 EL Butter
Pfeffer
frisch geriebene Muskatnuss
100 g Bergkäse
300 g Schichtkäse (ersatzweise gut abgetropfter Magerquark oder fester Ricotta)
1 Ei (M)
120 g Hartweizengrieß

ZUBEREITUNGSZEIT: 40 Min.
RUHEZEIT: 1 Std.
PRO PORTION: ca. 545 kcal

1 Grünkohl in einzelne Blätter teilen und gründlich waschen, trocken schütteln und putzen. Die Blätter von groben Stielen abschneiden (feine Stiele und Blattrippen kann man lassen) und eventuell kleiner zupfen.

2 In einem Topf reichlich Wasser aufkochen, salzen. Darin den Grünkohl 3–5 Min. garen. Dann den Kohl in ein Sieb gießen, abschrecken und abtropfen lassen. Grünkohl gut ausdrücken und fein hacken. Die Zwiebel schälen und wie den Speck in kleine Würfel schneiden.

3 Die Butter in einer Pfanne schmelzen. Darin Speck und Zwiebel goldgelb anbraten. Grünkohl unterrühren, mit Salz, Pfeffer und Muskat würzen, abkühlen lassen. Inzwischen Bergkäse entrinden und auf einer Rohkostreibe fein reiben. Schichtkäse, Ei, Grieß und Bergkäse in einer Schüssel gut verrühren, mit Salz, Pfeffer und Muskat würzen. Den Grünkohl gründlich untermischen. Zugedeckt 1 Std. im Kühlschrank ruhen lassen.

4 Dann in einem großen weiten Topf reichlich Wasser zum Kochen bringen, salzen. Aus der Grünkohlmasse mit nassen Händen 20 kleine Knödel formen und ins kochende Salzwasser geben, die Hitze reduzieren und die Knödel im leicht siedenden Wasser in 5–8 Min. gar ziehen lassen – sie sind fertig, wenn alle Knödel an der Oberfläche schwimmen. Mit einem Schaumlöffel herausheben, abtropfen lassen. Die Grünkohlknödel schmecken als Beilage zu Gulasch (siehe Seite 73), mit Tomatensauce, aber auch einfach nur mit gebräunter Butter und frisch geriebenem Käse bestreut.

Pilz-Bergkäse-Knödel

ZUTATEN für 4 Personen (ca. 12 kleine Knödel):
10 g getrocknete Pfifferlinge oder Steinpilze
200 g altbackenes Weißbrot (ohne Rinde, fast schon hart)
80 g durchwachsener Räucherspeck (nach Belieben)
1 Zwiebel | 6 Stängel Petersilie
1 EL Butter | 2 Eier (M)
150–200 ml Milch
Salz | Pfeffer
frisch geriebene Muskatnuss
2 EL Mehl | 250 g Bergkäse

ZUBEREITUNGSZEIT: 40 Min.
EINWEICHZEIT: 2 Std.
RUHEZEIT: 30 Min.
PRO PORTION: ca. 595 kcal

1 Pilze mit kochend heißem Wasser überbrühen, 1–2 Std. einweichen. Brot in knapp 1 cm große Würfel schneiden. Eventuell den Speck klein würfeln. Die Zwiebel schälen und in feine Würfel schneiden. Petersilie abbrausen, trocken schütteln und mit den Stängeln grob hacken.

2 Pilze abgießen, gut ausdrücken und fein hacken. Butter in einer kleinen Pfanne schmelzen. Darin Zwiebel und eventuell Speck goldgelb anbraten, Pilze und Petersilie unterrühren und braten, bis alle Flüssigkeit eingekocht ist. Mit den Brotwürfeln in eine Schüssel geben. Eier und Milch verquirlen, kräftig mit Salz, Pfeffer und Muskat würzen und gut mit dem Brot mischen. Mehl darüberstäuben und unterrühren, Masse 30 Min. durchziehen lassen.

3 In einem großen weiten Topf reichlich Wasser zum Kochen bringen, salzen. Käse entrinden, 5 mm groß würfeln und unter die Knödelmasse mengen. Aus der Masse mit nassen Händen 12 kleine Knödel formen und ins kochende Salzwasser geben, die Hitze reduzieren und die Knödel im leicht siedenden Wasser in 10–15 Min. gar ziehen lassen. Sie schmecken zu Paprikakraut (siehe Seite 223), Gulasch (siehe Seite 73) oder Pilzragout (siehe Seite 179, ohne Totentrompeten zubereitet).

Frischkäse-Lauch-Nocken

ZUTATEN für 4 Personen (ca. 12 Nocken):
1 Stück Lauch (ca. 100 g)
60 g weiche Butter
Salz | Pfeffer
100 g altbackenes Weißbrot (ohne Rinde, fast schon hart)
2 Eier (M)
250 g Schichtkäse (ersatzweise gut abgetropfter Magerquark)
2 EL Schnittlauchröllchen
2 EL gehackte Petersilie
frisch geriebene Muskatnuss
½ TL edelsüßes Paprikapulver
2–3 EL Mehl

ZUBEREITUNGSZEIT: 40 Min.
RUHEZEIT: 30 Min.
PRO PORTION: ca. 355 kcal

1 Lauch längs halbieren, waschen und putzen, die Hälften längs in feine Streifen und diese quer in kleine Stückchen schneiden. In einer kleinen Pfanne 1 EL Butter schmelzen. Darin den Lauch 2–3 Min. bei mittlerer Hitze andünsten, salzen und pfeffern, abkühlen lassen.

2 Inzwischen das Brot ca. 5 mm groß würfeln. Übrige Butter mit den Quirlen des Handrührgeräts cremig rühren. Nacheinander die Eier, dann den Schichtkäse unterrühren. Lauch, Kräuter und Brotwürfel unterheben, kräftig mit Salz, Pfeffer, Muskat und Paprika würzen. Das Mehl darüberstäuben und unterrühren, die Masse 30 Min. im Kühlschrank ruhen lassen.

3 In einem großen weiten Topf reichlich Wasser zum Kochen bringen, salzen. Mit zwei Esslöffeln (zwischendurch immer wieder nass machen!) Nocken aus der Frischkäsemasse formen und ins kochende Salzwasser geben, die Hitze reduzieren und die Nocken im leicht siedenden Wasser in 10–15 Min. gar ziehen lassen. Sie passen sehr gut zu Fleischgerichten oder aber einfach mit gebräunter Butter und frisch geriebenem Käse servieren.

Semmelküchlein mit Paprikakraut

ZUTATEN für 6 Personen:

Für die Küchlein:
250 g altbackenes Weißbrot (vom Vortag)
2 Zwiebeln
100 g durchwachsener Räucherspeck
½ Bund Petersilie
½ Bund Schnittlauch
250 g Allgäuer Emmentaler
2 EL Butter
½ l Milch | 2 Eier (L)
Salz | Pfeffer
frisch geriebene Muskatnuss
2–3 EL Mehl
150 g Frühstücksspeck (in dünnen Scheiben, Bacon)
1 Muffinblech (mit 12 Mulden)
Butter für das Blech

Für das Kraut:
400 g Weißkohl
500 g Sauerkraut (frisch oder aus der Dose)
2 Zwiebeln | 1 Knoblauchzehe
2 EL Butterschmalz
2 EL Tomatenmark
1 ½ TL edelsüßes Paprikapulver
½ TL Chilipulver
½ l Gemüse- oder Rinderbrühe
Salz | Pfeffer | Zucker
200 g saure Sahne

ZUBEREITUNGSZEIT: 1 Std. 30 Min.
PRO PORTION: ca. 820 kcal

1 Für die Küchlein den Backofen auf 180° (Umluft 160°) vorheizen. Das Brot in ca. 1 cm große Würfel schneiden, auf einem Backblech verteilen und im Ofen (Mitte) in 6–8 Min. knusprig backen. Brotwürfel aus dem Ofen nehmen und abkühlen lassen, Ofen ausschalten.

2 Inzwischen für das Kraut vom Kohl unschöne Blätter entfernen. Den Kohl längs in dicke Spalten schneiden, vom Strunk befreien und quer in schmale Streifen schneiden. Das Sauerkraut leicht auseinanderzupfen. Zwiebeln und Knoblauch schälen und fein würfeln.

3 Schmalz in einem Topf schmelzen. Darin Zwiebeln und Knoblauch bei mittlerer Hitze langsam goldgelb dünsten. Weißkohl dazugeben, Tomatenmark unterrühren, 1 Min. mitdünsten. Mit Paprika und Chili bestäuben, Sauerkraut und Brühe dazugeben, alles gut durchrühren und zum Kochen bringen. Mit Salz, Pfeffer und 1–2 TL Zucker würzen. Das Kraut zugedeckt bei kleiner Hitze 45 Min. köcheln lassen.

4 Inzwischen für die Küchlein Zwiebeln schälen und wie den Räucherspeck klein würfeln. Die Kräuter abbrausen, trocken schütteln und fein schneiden (vom Schnittlauch eventuell 1–2 EL zum Bestreuen beiseitelegen). Den Käse entrinden und auf einer Rohkostreibe fein reiben. Butter in einer Pfanne schmelzen. Darin Speck- und Zwiebelwürfel goldbraun anbraten, Milch unterrühren, in eine Schüssel gießen. Eier unter die Milch quirlen, kräftig mit Salz, Pfeffer und Muskat würzen. 180 g Käse, Kräuter und die Brotwürfel dazugeben und alles zügig verrühren. Mehl darüberstäuben und ebenfalls unterrühren. Die Masse 30 Min. durchziehen lassen.

5 Die saure Sahne (eventuell ein bisschen davon fürs Servieren zurückbehalten) unters Kraut rühren, mit Salz, Pfeffer und Zucker abschmecken. Das Paprikakraut in weiteren 15–20 Min. fertig garen, dann warm halten. Währendessen die Mulden des Muffinblechs dünn mit Butter einfetten und den Rand jeder Mulde rundherum mit Frühstücksspeck auslegen. Den Backofen auf 180° (Umluft 160°) vorheizen.

6 Die Brotmasse gut durchrühren und in den Mulden des Muffinblechs verteilen, festdrücken und mit restlichem Käse bestreuen. Im Ofen (Mitte) in ca. 20 Min. goldbraun backen. Herausnehmen, kurz stehen lassen, dann die Küchlein aus den Mulden lösen und mit dem Kraut servieren. Eventuell noch mit Schnittlauch bestreuen und mit saurer Sahne garnieren.

Herzhafte Buchteln mit Kaminwurzen-Zwiebel-Füllung

ZUTATEN für 4–6 Personen (ca. 18 Stück):
225 ml Milch
¾ Würfel Hefe (ca. 30 g)
½ TL Zucker
2 TL Brotgewürz
10 Zweige Thymian
375 g Mehl
Salz | Pfeffer
150 g sehr weiche Butter
3 EL weiches Schweineschmalz (ersatzweise Butter)
2 Eigelb (M)
2 kleine Zwiebeln
1 Bund Frühlingszwiebeln
2 Kaminwurzen (ersatzweise Landjäger)
½ Bund Petersilie
Mehl zum Arbeiten

ZUBEREITUNGSZEIT: 40 Min.
RUHEZEIT: 1 Std. 20 Min.
BACKZEIT: 45 Min.
PRO PORTION (bei 6 Personen): ca. 550 kcal

1 Die Milch lauwarm erhitzen. Hefe in eine kleine Schüssel bröckeln und mit Zucker und 100 ml Milch verrühren. Den Hefeansatz zugedeckt an einem warmen Ort 15 Min. gehen lassen.

2 Brotgewürz in einem Mörser grob zerstoßen. Thymian abbrausen und trocken schütteln, Blättchen abzupfen und hacken. Beides mit Mehl, 1 TL Salz und Pfeffer in einer Schüssel mischen, in die Mitte eine Mulde drücken. 70 g Butter und das Schmalz in Flöckchen an den Rand setzen. Übrige lauwarme Milch, Eigelbe und Hefeansatz in die Mulde geben, alles mit den Knethaken des Handrührgeräts in 5 Min. zu einem glatten, geschmeidigen Teig kneten. Teig in die bemehlte Schüssel geben, mit einem Küchentuch abdecken und 45 Min. gehen lassen, bis sich das Volumen verdoppelt hat.

3 Die Zwiebeln schälen, halbieren und in feine Streifen schneiden. Die Frühlingszwiebeln waschen, putzen und nur den grünen Teil in ca. 4 mm breite Ringe schneiden. Kaminwurzen ca. 5 mm groß würfeln. Petersilie abbrausen, trocken schütteln und mit den Stängeln grob hacken. 1 EL Butter in einer kleinen beschichteten Pfanne schmelzen. Darin die Zwiebelstreifen goldgelb andünsten. Die Petersilie und das Zwiebelgrün dazugeben und unter Rühren kurz mitdünsten. Vom Herd nehmen, mit Salz und Pfeffer würzen, abkühlen lassen und die Kaminwurzen unterrühren.

4 Eine Auflaufform (ca. 20 x 30 cm) mit etwas Butter einfetten, übrige Butter schmelzen. Teig nochmals kräftig durchkneten und in ca. 18 gleich große Stücke schneiden. Jedes Teigstück auf einer leicht bemehlten Arbeitsfläche zur Kugel rollen, mit dem Handballen zu einem 1 cm dicken Kreis flach drücken und knapp 1 TL Kaminwurzenfüllung in die Mitte geben. Teigränder zur Mitte hin über die Füllung klappen, gut zusammendrücken und wieder zur Kugel formen. Teigkugeln in der flüssigen Butter wenden und mit der Nahtseite nach unten dicht nebeneinander in die Form setzen. Die Buchteln mit dem Tuch abdecken und 20 Min. gehen lassen. Den Backofen auf 175° vorheizen.

5 Die Buchteln im Ofen (unten, Umluft 160°) in 40–45 Min. goldbraun backen. Aus dem Ofen nehmen, leicht abkühlen lassen, dann auseinanderbrechen und lauwarm als Snack zu Bier oder als Beilage zu dem Paprikakraut von Seite 223 servieren.

ZUTATEN für 4 Personen:
600 g Käse (z. B. 300 g Schweizer Emmentaler und 300 g Greyerzer oder jeweils 200 g Emmentaler, Greyerzer und Vacherin)
1 Knoblauchzehe
300 ml trockener Weißwein (z. B. Fendant)
1 gehäufter EL Speisestärke
5–6 EL Kirschwasser
Salz | Pfeffer
frisch geriebene Muskatnuss
1–2 Spritzer frisch gepresster Zitronensaft
1 Weißbrot (ca. 500 g)
Fonduetopf (Caquelon) mit Rechaud
Fonduegabeln

ZUBEREITUNGSZEIT: 30 Min.
PRO PORTION: ca. 1015 kcal

Klassisches Käsefondue

1 Käse entrinden und auf einer Käsereibe fein reiben. Knoblauchzehe halbieren und den Fonduetopf (Caquelon) damit ausreiben. Weißwein hineingießen und auf dem Herd bei mittlerer Hitze heiß werden lassen. Den Käse dazugeben und bei kleiner bis mittlerer Hitze langsam schmelzen lassen, dabei ständig Rühren, damit sich Käse und Wein schön verbinden.

2 Die Käsesauce leicht zum Köcheln bringen. Stärke mit dem Kirschwasser verrühren und gründlich unter die Sauce mischen. Mit Salz, Pfeffer, Muskat und Zitronensaft abschmecken. Käse bei mittlerer Hitze ca. 5 Min. köcheln lassen, dabei stets gut umrühren, damit nichts anbrennt.

3 Das Brot in 3–4 cm große Würfel schneiden. Den Rechaud entzünden und den Fonduetopf daraufstellen. Jetzt kann sich jeder einen Brotwürfel auf eine Fonduegabel stecken und in den Käse tauchen. Wichtig: Immer wieder mit dem Brot über den Topfboden streichen, da der Käse dort gerne ansetzt.

GANZ OHNE TOPF – handliches Hüttenfondue
Wer keinen Fonduetopf besitzt, freut sich sicher über dieses Blitzfondue aus dem Backofen. Dazu braucht es 1–2 Vacherin-Mont-d'or-Käse (je ca. 400 g, 400 g reichen für 2 Personen) – einen Weichkäse aus der französischen Schweiz, der in Holzspanschachteln verpackt angeboten wird. Einfach etwas Alufolie um die Holzschachtel(n) wickeln (leicht überstehend). Nach Wunsch den Käse mehrmals mit einem Messer einstechen und mit je 50 ml Weißwein beträufeln. Den Käse ca. 25 Min. im 200° heißen Backofen (Umluft 180°) backen. Dann aus dem Ofen holen und samt Schachtel(n) auf den Tisch stellen. Den Käse heiß herauslöffeln und wie Raclette oder Fondue zu Pellkartoffeln oder Brot genießen.

Rote-Bete-Meerrettich-Relish

ZUTATEN für 3 Twist-off-Gläser (je ca. 200 ml):
500 g Rote Beten
1 Stück Meerrettich (ca. 50 g)
2 kleine Äpfel (ca. 250 g, z. B. Boskop oder Cox Orange)
½ TL Pimentkörner
150 g Zucker
300 ml Obst- oder Weißweinessig
1 Lorbeerblatt
Salz | Pfeffer

ZUBEREITUNGSZEIT: 25 Min.
GARZEIT: 2 Std.
MARINIERZEIT: 2 Wochen
PRO GLAS: ca. 310 kcal

1 Rote Beten waschen, schälen und auf einer Rohkostreibe grob raspeln (dazu am besten Einweghandschuhe tragen, da die Beten stark färben). Meerrettich schälen und ebenfalls raspeln. Die Äpfel schälen, vierteln, entkernen und klein würfeln. Piment in einem Mörser grob zerstoßen. Alles mit Zucker, Essig und Lorbeerblatt in einen Topf geben und unter Rühren erhitzen, bis sich der Zucker vollständig aufgelöst hat.

2 Dann das Relish zugedeckt bei kleiner Hitze 1 Std. 30 Min.–2 Std. sanft köcheln lassen, dabei immer wieder mal umrühren. Während der letzten 30–45 Min. häufiger Rühren und die Konsistenz prüfen: Das Relish sollte am Ende eine marmeladenartige, weiche Konsistenz haben, und der starke Essiggeruch sollte sich weitgehend verflüchtigen.

3 Das Relish mit wenig Salz und reichlich Pfeffer abschmecken und in gründlich gesäuberte Twist-off-Gläser füllen. Gläser verschließen, 10 Min. auf den Deckel stellen, dann umdrehen und vollständig abkühlen lassen. Das Relish möglichst noch an einem kühlen und dunklen Ort 2 Wochen durchziehen lassen. Es schmeckt zu Fleisch- und Käsefondue (siehe links), zu Raclette oder einer Käseplatte sowie zu Tafelspitz (siehe Seite 75).

Süßsaurer Kürbis mit Ingwer

ZUTATEN für 2 Twist-off-Gläser (je ca. ½ l):
1,1 kg Kürbis (z. B. Muskatkürbis, geputzt ca. 750 g)
1 Stück Ingwer (ca. 6 cm)
1 kleine getrocknete Chilischote
1 TL Korianderkörner
2 TL braune Senfkörner (aus dem Asienladen)
½ TL Kurkumapulver
150 ml Weißweinessig
200 g Einmachzucker
2 EL Salz

ZUBEREITUNGSZEIT: 40 Min.
MARINIERZEIT: 1 Woche
PRO GLAS: ca. 520 kcal

1 Vom Kürbis Schale, Kerne und faseriges Inneres wegschneiden, das Kürbisfleisch in 2–3 cm dicke Spalten und diese quer in 4–5 mm dicke Scheiben schneiden. Ingwer schälen und in feine Scheiben schneiden. Die Chilischote halbieren, entkernen und grob zerbröseln.

2 Korianderkörner in einem Mörser grob zerstoßen und mit den Senfsamen in einer Pfanne ohne Fett rösten, bis sie leicht duften. Beides mit Ingwer, Chili, Kurkuma, Essig, Zucker, Salz und ¼ l Wasser in einem Topf unter Rühren zum Kochen bringen. Den Kürbis dazugeben und bei kleiner Hitze zugedeckt in 10–15 Min. bissfest garen.

3 Den Kürbis mit einem Schaumlöffel aus dem Topf heben und sofort in gründlich gesäuberte Twist-off-Gläser füllen. Kochsud 3 Min. bei großer Hitze sprudelnd einkochen lassen, dann über den Kürbis gießen, die Gläser verschließen. An einem kühlen und dunklen Ort ca. 1 Woche durchziehen lassen. Der süßsaure Kürbis schmeckt zu Fleisch- und Käsefondue (siehe links) sowie zu Raclette, kaltem Braten oder Tafelspitz (siehe Seite 75).

Käsespatzen mit Zwiebelschmelze

ZUTATEN für 4 Personen:
500 g Mehl
Salz
4 Eier (M)
¼ l Milch
3 große Zwiebeln
250 g Allgäuer Emmentaler
3–4 EL Butter
1–2 EL gehackte Petersilie zum Bestreuen
Spätzlepresse oder -hobel

ZUBEREITUNGSZEIT: 50 Min.
PRO PORTION: ca. 870 kcal

1 Mehl, 2 TL Salz, Eier und Milch in eine Schüssel geben und mit einem Holzlöffel (oder den Quirlen des Handrührgeräts) zu einem glatten, eher zähflüssigen Teig verrühren und so lange kräftig schlagen (oder quirlen), bis er leicht Blasen wirft. Den Teig 10 Min. ruhen lassen.

2 Zwischenzeitlich die Zwiebeln schälen und in dünne Ringe schneiden. Den Käse auf einer Rohkost- oder Käsereibe fein reiben. Reichlich Wasser in einem großen weiten Topf zum Kochen bringen, salzen.

3 Den Teig portionsweise durch eine Spätzlepresse oder einen -hobel ins kochende Wasser drücken. Die Spätzle so lange bei mittlerer Hitze kochen lassen, bis sie an der Wasseroberfläche schwimmen. Mit einem Schaumlöffel herausheben, abtropfen lassen, in eine Schüssel geben und im Ofen bei 70° warm halten. Auf diese Weise den ganzen Teig verarbeiten.

4 Die Butter in einer beschichteten Pfanne erhitzen. Darin die Zwiebeln bei mittlerer Hitze unter gelegentlichem Rühren goldbraun braten. Die warmen Spätzle lagenweise mit dem Käse in eine Form schichten und anschließend kurz miteinander vermischen, sodass der Käse schmilzt und Fäden zieht. Zwiebeln samt Butter über die Spätzle geben, mit Petersilie bestreuen und sofort servieren.

Bergkäse-Nudel-Auflauf

ZUTATEN für 4 Personen:
300 g dicke Hörnchennudeln
Salz
200 g gekochter Schinken (in dicken Scheiben)
180 g Allgäuer Bergkäse
4 Eier (M)
200 g Sahne
200 ml Milch
Pfeffer
frisch geriebene Muskatnuss
Butter für die Form

ZUBEREITUNGSZEIT: 30 Min.
BACKZEIT: 45 Min.
PRO PORTION: ca. 775 kcal

1 Für die Nudeln reichlich Wasser zum Kochen bringen, salzen. Nudeln im Salzwasser nach Packungsangabe bissfest garen, dann in ein Sieb gießen und abtropfen lassen.

2 Inzwischen den Schinken in kleine Stücke schneiden, Käse auf einer Rohkost- oder Käsereibe fein reiben. Eier, Sahne und Milch gut mit einem Schneebesen verquirlen und kräftig mit Salz, Pfeffer und Muskat würzen.

3 Den Backofen auf 190° vorheizen. Eine Auflaufform (ca. 25 x 30 cm) mit reichlich Butter einfetten. Nudeln mit Schinken und gut zwei Dritteln Käse mischen und in die Form geben. Restlichen Käse darüberstreuen und alles gleichmäßig mit der Eier-Sahne-Milch übergießen. Im Ofen (Mitte, Umluft 170°) in ca. 45 Min. goldbraun backen. Dazu schmeckt knackiger Blattsalat.

Strudel mit Krautfüllung

ZUTATEN für 4–6 Personen (2 Strudel von je ca. 30 cm Länge):

Für den Teig:
250 g Mehl
2 Prisen Salz
2 EL Sonnenblumenöl
1 EL Weißweinessig
1 Ei (M)
2–3 EL Butter
Mehl zum Arbeiten

Für die Füllung:
1 Weißkohl (ca. 1 kg)
2 Zwiebeln
1 Knoblauchzehe
250 g durchwachsener Räucherspeck
2 EL Butter
Salz | Pfeffer
1 TL Kümmelsamen
150 g Schmand
frisch geriebene Muskatnuss

ZUBEREITUNGSZEIT: 1 Std. 10 Min.
BACKZEIT: 50 Min.
PRO PORTION (bei 6 Personen): ca. 555 kcal

1 Für den Teig Mehl mit Salz in eine Schüssel geben. 1 ½ EL Öl, Weinessig, das Ei und ca. ⅛ l lauwarmes Wasser dazugeben und alles zügig mit einem Holzlöffel vermengen, dann mit der Hand kräftig zu einem weichen, elastischen Teig kneten. Den Teig halbieren, zu zwei Kugeln formen, mit übrigem Öl bepinseln und auf einen Teller legen. Einen großen Topf kurz auf der Herdplatte erhitzen, anschließend über den Teller stülpen. Den Strudelteig ca. 30 Min. unter dem warmen Topf ruhen lassen.

2 Inzwischen für die Füllung den Kohl sechsteln, waschen, putzen und den Strunk herausschneiden. Kohlstücke quer in ca. 1 cm breite Streifen schneiden. Zwiebeln und Knoblauch schälen und fein würfeln. Speck ebenfalls in Würfelchen schneiden. Butter in einer hohen beschichteten Pfanne schmelzen. Darin Zwiebeln und Knoblauch glasig andünsten, Speck dazugeben und bei mittlerer Hitze braten, bis er gerade zu bräunen beginnt. Kohl dazugeben, mit Salz, Pfeffer und Kümmel würzen und unter Rühren 4–5 Min. braten – der Kohl darf ruhig leicht bräunen. Herausnehmen und abkühlen lassen.

3 Backofen auf 200° vorheizen, ein Backblech mit Backpapier auslegen, die Butter für den Teig schmelzen. Ein großes Küchentuch auf der Arbeitsfläche glatt auslegen, dünn mit Mehl bestäuben. 1 Teigkugel mittig drauflegen und mit den Händen zu einem Rechteck drücken, dann mit einem Nudelholz so dünn wie möglich rechteckig ausrollen. Dabei immer wieder mit den Händen an den vier Ecken in Form ziehen. Zuletzt mit beiden Händen unter den Teig fahren und mit den Handflächen vorsichtig nach und nach hauchdünn und rechteckig in Form ziehen. Mit Butter bepinseln.

4 Den Schmand unter den Kohl rühren und die Füllung kräftig mit Salz, Pfeffer und Muskat abschmecken. Die Hälfte davon gleichmäßig auf dem ausgezogenen Teig verteilen. Den Teig von einer Längsseite her vorsichtig mit Hilfe des Tuches so aufrollen, dass die Naht zum Schluss unten liegt. Die beiden Enden nach unten einschlagen. Strudel mit der Nahtseite nach unten aufs Blech legen, mit Butter bepinseln. Den zweiten Strudel ebenso zubereiten und mit Abstand neben den ersten Strudel aufs Blech legen.

5 Im Ofen (unten, Umluft 180°) ca. 50 Min. backen, eventuell gegen Backzeitende mit Backpapier abdecken. Strudel aus dem Ofen nehmen, kurz abkühlen lassen, in Stücke schneiden und warm servieren.

Wildschweinpfeffer mit Backpflaumen

ZUTATEN für 4 Personen:
1,2 kg Wildschweinfleisch (aus der Schulter)
1 große Möhre
1 Stück Knollensellerie (ca. 50 g)
2 Zwiebeln
1 Knoblauchzehe
1 Zweig Rosmarin
2 Zimtstangen
2 Sternanise
10 Nelken
10 Pimentkörner
6 grüne Kardamomkapseln
1 TL schwarze Pfefferkörner
2 Lorbeerblätter
¾ l trockener Rotwein
120 g durchwachsener Räucherspeck
1 Stück Lauch (ca. 100 g)
5 Zweige Thymian
Salz | Pfeffer
2 EL Tomatenmark
½ TL Mehl
800 ml Wildfond (aus dem Glas)
1 kleines Stück Bio-Orangenschale (4–5 cm)
200 g (Soft-)Trockenpflaumen
Öl zum Braten

ZUBEREITUNGSZEIT: 45 Min.
MARINIERZEIT: 24 Std.
GARZEIT: 3 Std.
PRO PORTION: ca. 1055 kcal

1 Von dem Wildschweinfleisch Fett und Sehnen wegschneiden. Fleisch in ca. 4 cm große Würfel schneiden und in eine große Schüssel geben. Möhre und Sellerie schälen und in ca. 1 cm große Würfel schneiden. 1 Zwiebel schälen und fein würfeln, den Knoblauch schälen und in dünne Scheiben schneiden. Den Rosmarin abbrausen und trocken schütteln.

2 Alle vorbereiteten Zutaten mit Zimtstangen, Sternanisen und Nelken zum Fleisch geben. Piment, Kardamom und Pfefferkörner grob in einem Mörser zerstoßen und mit Lorbeerblättern und Wein ebenfalls dazugeben, alles gut mischen. Die Schüssel mit einem Teller abdecken und das Fleisch 24 Std. (am besten über Nacht) im Kühlschrank marinieren lassen.

3 Dann das Fleisch aus der Marinade nehmen, dabei die Marinade gut abkratzen und das Fleisch gründlich trocken tupfen. Marinade durch ein Sieb gießen und die Flüssigkeit auffangen, die Würzzutaten gut abtropfen lassen. Übrige Zwiebel schälen und fein würfeln, Speck ebenfalls klein würfeln. Lauch längs vierteln, waschen und in kleine Stücke schneiden. Thymian abbrausen und trocken schütteln.

4 Den Backofen auf 150° vorheizen. So viel Öl in einem Bräter erhitzen, dass der Boden knapp bedeckt ist. Darin Fleisch portionsweise bei großer Hitze anbraten, salzen, pfeffern und herausnehmen. Etwas Öl zum Bratensatz gießen, darin die frischen Zwiebelwürfel, Speck und Lauch anbraten, dann abgetropfte Würzzutaten ebenfalls dazugeben und mitbraten, bis alle Flüssigkeit eingekocht ist. Tomatenmark unterrühren, mitrösten, das Mehl darüberstäuben und kurz mitbraten. Mit 1 Schuss Marinade ablöschen und so lange unter Rühren braten, bis die Flüssigkeit eingekocht ist, dann noch zweimal ein wenig Marinade dazugeben und wieder einkochen lassen.

5 Restliche Marinade und den Fond dazugießen, aufkochen lassen und 2–3 Min. einkochen. Fleisch, Thymian und Orangenschale unterrühren, Deckel auflegen und den Bräter in den Ofen (unten, Umluft 140°) schieben. Das Fleisch 2 Std. 30 Min.–3 Std. garen, bis es schön zart ist.

6 Dann das Fleisch aus der Sauce nehmen. Die Sauce durch ein feines Sieb gießen und in einem Topf auffangen, Siebinhalt gut ausdrücken. Pflaumen in die Sauce geben, 5–7 Min. bei mittlerer Hitze offen kochen lassen, mit Salz und Pfeffer abschmecken. Fleisch einlegen und heiß werden lassen. Dazu schmecken Spätzle, Butternudeln oder Knödel (siehe Seite 189).

Schweinekrustenbraten mit Biersauce

ZUTATEN für 6 Personen:
600 g Schweineknochen (am besten beim Metzger vorbestellen und klein hacken lassen)
1 TL Kümmelsamen
1,4 kg Schweinebraten (mit Schwarte, aus der Schulter)
Salz | Pfeffer
2 Zwiebeln
1 Knoblauchzehe
1 Möhre
1 Petersilienwurzel
4 Stängel Petersilie
3 EL Sonnenblumenöl
1 EL Tomatenmark
¼ l dunkles Bier (ersatzweise Malz- oder alkoholfreies Bier)
1 l Gemüsebrühe (noch besser: Kalbsfond)
½ TL getrockneter Majoran

ZUBEREITUNGSZEIT: 30 Min.
GARZEIT: 4 Std. 45 Min.
PRO PORTION: ca. 585 kcal

1 Den Backofen auf 220° vorheizen. Knochen waschen, trocken tupfen und auf einem Blech oder in einem Bräter flach verteilen und im Ofen (Mitte, Umluft 200°) in ca. 45 Min. braun rösten.

2 Den Kümmel grob hacken. Braten auf der Fleischseite mit Kümmel und kräftig mit Salz und Pfeffer würzen, die Gewürze leicht einreiben. Zwiebeln und Knoblauch schälen und fein würfeln. Möhre und Petersilienwurzel schälen und in Stücke schneiden. Petersilie abbrausen, trocken schütteln.

3 Geröstete Knochen aus dem Ofen nehmen und die Ofentemperatur auf 140° (Umluft 130°) herunterschalten. 2 EL Öl in einem Bräter erhitzen und den Schweinebraten rundherum – bis auf die Schwarte – pro Seite 3 Min. anbraten, herausnehmen. Übriges Öl in den Bräter geben und Zwiebeln und Knoblauch goldgelb anbraten, die Möhre und Petersilienwurzel dazugeben, kurz mitbraten. Tomatenmark unterrühren und kurz anrösten, dann alles mit 1 guten Schuss Bier ablöschen. Das Bier bei großer Hitze unter Rühren einkochen lassen, dann übriges Bier und die Brühe angießen. Den Braten mit der Schwarte nach unten in den Bräter legen, die angerösteten Knochen darum verteilen. Im Ofen (Mitte) ca. 1 Std. 45 Min. garen.

4 Braten aus dem Ofen nehmen und die Schwarte mit einem scharfen Messer rautenförmig einschneiden. Braten mit der Schwarte nach oben wieder in den Bräter legen, Petersilie in die Sauce geben. Den Schweinebraten in weiteren 2 Std. 15 Min. fertig garen – wenn man ihn mit einem spitzen Messer einsticht, sollte klarer Bratensaft herauslaufen.

5 Den Bräter aus dem Ofen nehmen und die Grillfunktion des Ofens zuschalten. Den Braten mit der Schwarte nach oben auf einen Ofenrost setzen. ½ TL Salz mit 3 EL Wasser verrühren und die Kruste damit bepinseln. Rost in den Ofen schieben (Mitte) und ein Blech als Tropfschutz darunter. Die Bratenkruste in 5–8 Min. knusprig braten.

6 Währenddessen Sauce durch ein Sieb in einen Topf gießen, Siebinhalt gut ausdrücken. Sauce bei großer Hitze 3–4 Min. offen einkochen lassen. Mit Majoran, Salz und Pfeffer abschmecken. Braten aufschneiden und mit der Sauce zu Knödeln oder Klößen (siehe Seite 189) servieren.

Kaiserschmarrn

ZUTATEN für 4 Personen:
4 Eier (L)
130 g Mehl
¼ l Milch
1 Prise Salz
2 EL Zucker
50 g Butter
3 EL Rosinen
3–4 EL Puderzucker

ZUBEREITUNGSZEIT: 30 Min.
RUHEZEIT: 30 Min.
PRO PORTION: ca. 440 kcal

1 Die Eier trennen. Mehl und Milch in einer Schüssel zu einem glatten Teig verrühren, dabei nacheinander die Eigelbe dazugeben. Teig 30 Min. ruhen lassen. Dann die Eiweiße mit Salz steif schlagen, dabei nach und nach den Zucker einrieseln lassen.

2 Den Teig durchrühren und den Eischnee sorgfältig unterheben. Die Hälfte der Butter in einer großen beschichteten Pfanne schmelzen. Den Teig hineingießen und die Rosinen daraufstreuen. Teig bei kleiner Hitze 5–8 Min. backen, bis die Unterseite und der Rand zart bräunen und ein leicht fester Pfannkuchen entstanden ist.

3 Den Pfannkuchen vorsichtig auf einen großen Teller gleiten lassen, die umgedrehte Pfanne darüberlegen, Pfanne und Teller fest zusammenhalten (Küchentuch verwenden!) und wenden. Pfannkuchen in die Pfanne gleiten lassen und 3–4 Min. backen, bis auch die zweite Seite hellbraun gebräunt ist, dann mit zwei Holzlöffeln in Stücke zupfen. Übrige Butter in Flöckchen daraufgeben, 2 EL Puderzucker darüberstreuen. Unter Rühren 2–3 Min. braten, bis der Kaiserschmarrn mit karamellisiertem Zucker überzogen und gebräunt ist. Auf Teller verteilen, mit übrigem Puderzucker bestäuben.

Schupfnudeln mit Nussbutter

ZUTATEN für 4 Personen:
500 g Pellkartoffeln (vom Vortag, mehligkochende Sorte)
90 g Mehl
Salz
1 Ei (M)
1 Eigelb (M)
70 g Butter
80 g Haselnussblättchen
60 g Puderzucker
Kartoffelpresse

ZUBEREITUNGSZEIT: 1 Std.
PRO PORTION: ca. 500 kcal

1 Die Kartoffeln pellen und durch die Kartoffelpresse drücken. Das Mehl daraufsieben, 2 gute Prisen Salz, Ei und Eigelb dazugeben und alles mit den Händen ohne allzu viel Druck zu einem glatten Teig verkneten. Den Teig zu einer Rolle (ca. 5 cm Ø) formen, in ca. 1 cm breite Stücke schneiden und daraus fingerlange, fingerdicke Würstchen mit spitzen Enden formen.

2 In einem weiten, großen Topf reichlich Wasser zum Kochen bringen, salzen. Die Hitze auf die geringste Stufe zurückschalten, die Schupfnudeln portionsweise ins siedende Wasser geben und in 8–10 Min. sanft gar ziehen lassen – wenn sie an die Wasseroberfläche steigen, sind sie fertig. Mit einem Schaumlöffel herausheben und abtropfen lassen.

3 Die Butter in einer großen beschichteten Pfanne schmelzen. Schupfnudeln dazugeben und rundherum ca. 10 Min. bei mittlerer Hitze braten. Nüsse und die Hälfte des Puderzuckers darüberstreuen, alles gut durchschwenken und weitere 2–3 Min. braten, bis die Nüsse leicht bräunen. Mit übrigem Puderzucker bestäuben und sofort servieren.

Germknödel mit Mohnbutter

ZUTATEN für 8 Personen:

Für die Knödel:
¼ l Milch
1 Würfel Hefe (42 g)
80 g Zucker
500 g Mehl
1 Prise Salz
100 g sehr weiche Butter
3 Eigelb (M)
250 g Pflaumenmus (Powidl)
Puderzucker zum Bestäuben
Mehl zum Arbeiten
2 große Dämpfeinsätze

Für die Mohnbutter:
150 g Butter
80 g gemahlener Mohn
2 Pck. Vanillezucker

ZUBEREITUNGSZEIT: 45 Min.
RUHEZEIT: 1 Std. 20 Min.
PRO PORTION: ca. 590 kcal

1 Für die Knödel die Milch lauwarm erhitzen. Die Hefe in eine kleine Schüssel bröckeln und mit 1 TL Zucker und 100 ml Milch verrühren. Den Hefeansatz zugedeckt an einem warmen Ort 15 Min. gehen lassen.

2 Mehl mit Salz und übrigem Zucker in einer Schüssel mischen, in die Mitte eine Mulde drücken. Butter in Flöckchen an den Rand setzen. Übrige Milch, Eigelbe und den Hefeansatz in die Mulde geben. Alles mit den Knethaken des Handrührgeräts in ca. 5 Min. zu einem glatten, geschmeidigen Teig verarbeiten. In die bemehlte Schüssel geben, mit einem Küchentuch abdecken und 45 Min. gehen lassen, bis sich das Volumen verdoppelt hat.

3 Dann den Teig nochmals kräftig durchkneten und in acht Portionen teilen. Jede Portion auf einer leicht bemehlten Arbeitsfläche mit dem Handrücken zu einem 1,5 cm hohen Teigfladen flach drücken. Je 1 EL Pflaumenmus in die Mitte der Fladen setzen, Teig von allen Seiten darüberschlagen, fest schließen und zu Knödeln formen. Die Teigknödel auf ein bemehltes Arbeitsbrett (noch besser: ein mit Backpapier ausgelegtes Backblech, das man dann idealerweise in den leicht angewärmten Ofen schieben kann) setzen und ein Küchentuch darüberlegen, weitere 20 Min. gehen lassen.

4 Dämpfeinsätze jeweils mit einem Küchentuch auslegen und in einen weiten großen Topf stellen, der 2 cm hoch mit Wasser gefüllt ist. Wasser zum Kochen bringen. Je 4 Knödel mit 3–4 cm Abstand zueinander in jeden Einsatz legen. Töpfe mit den Deckeln schließen und die Knödel 10–15 Min. bei mittlerer Hitze im Dampf garen lassen. (Wer nur 1 Dämpfeinsatz zu Hause hat, gart die Knödel einfach portionsweise nacheinander.)

5 Kurz vor Garzeitende für die Mohnbutter die Butter in einer kleinen Pfanne bei mittlerer Hitze aufschäumen lassen, den Mohn einrühren und ca. 2 Min. unter Rühren rösten. Die Pfanne vom Herd nehmen und den Vanillezucker unter die Butter rühren.

6 Die Töpfe mit den fertigen Germknödeln vom Herd nehmen, 2 Min. warten, dann die Knödel herausheben, auf Tellern verteilen und sofort mit der heißen Mohnbutter begießen. Mit etwas Puderzucker bestäuben und servieren. Wer mag, kann die Germknödel zusätzlich oder anstelle der Mohnbutter auch mit Vanillesauce (siehe Seite 92) servieren.

Register von A bis Z

Rezeptregister nach Rubriken

Vorspeisen & Snacks

Salate

Suppen, Eintöpfe & Currys

Aufläufe, Gratins, pikantes Gebäck

Pasta, Reis, Kartoffeln

Beilagen

Vegetarisches

Mit Fleisch, Geflügel & Wurst

Mit Fisch & Meeresfrüchten

Süßes

Süße Kuchen & Kleingebäck

Aufstriche, Dips, Saucen & Co.

Eingemachtes & Mariniertes

Getränke

Impressum

DIE AUTORIN

Tanja Dusy ist seit 2001 Kochbuchredakteurin sowie auch Autorin bei GRÄFE UND UNZER. Aufgewachsen in Baden, einer Region, in der Genießen ganz groß geschrieben wird, ist sie nun seit vielen Jahren in München daheim und bezieht ihre Inspiration aus der Kulinariawelt des Berg- und Seenlandes rund um die bayrische Hauptstadt. Auf ihren Reisen, nah und fern, ist sie immer auf der Suche nach wirklichen Geschmackserlebnissen, die sie in diesem Buch in der kräftigenden, die Seele wärmenden Winterküche weitergibt. Aus ihrer Feder stammen viele, teilweise mit Preisen ausgezeichnete Bücher wie „Für die Sinne – Indien", „Indien Basics", „Frankreich", „Suppen" und natürlich die „Sommerküche".

DER FOTOGRAF

Klaus-Maria Einwanger ist mit seinem Studio in Rosenheim beheimatet. Dort, in London und auf Reisen durch ganz Europa fotografiert er alle Themen rund um sein Hauptthema Food. Auf einzigartige Weise versteht er es mit seinem Team, atmosphärisch-dichte, emotionale Welten zu inszenieren. Wie auch schon in der „Sommerküche" fotografierte er im heimatlichen Voralpenland. Das Foodstyling machten Monika Schuster und Anka Köhler, Styling, Requisite und Ausstattung verantwortete Alexandra Holzer. Bekannte und Nachbarskinder hatten ihren Spaß als Models beim winterlichen Shooting. Ein besonderer Dank des Fotografen geht an die Familie Plenk aus Ruhpolding, die ihre Langlauf-Hütt'n zur Verfügung gestellt hat.

Projektleitung: Monika Greiner
Lektorat, Gestaltung, Satz/DTP: Redaktionsbüro Christina Kempe, München
Umschlag und Gestaltung: independent Medien-Design, Horst Moser, München
Herstellung: Susanne Mühldorfer
Korrektorat: Petra Bachmann
Repro: Longo AG, Bozen
Druck und Bindung: Firmengruppe APPL, Wemding

Bildnachweis: alle Fotos Klaus-Maria Einwanger, Rosenheim
Syndication: www.jalag-syndication.de

Titelbildrezept: Kürbiscremesuppe mit Vanille, Seite 177

Umwelthinweis: Dieses Buch ist auf PEFC-zertifiziertem Papier aus nachhaltiger Waldwirtschaft gedruckt.

ISBN 978-3-8338-2307-7
3. Auflage 2011

GRÄFE UND UNZER

Ein Unternehmen der
GANSKE VERLAGSGRUPPE

DAS ORIGINAL GU MIT GARANTIE

Unsere Garantie

Alle Informationen in diesem Ratgeber sind sorgfältig und gewissenhaft geprüft. Sollte dennoch einmal ein Fehler enthalten sein, schicken Sie uns das Buch mit dem entsprechenden Hinweis an unseren Leserservice zurück. Wir tauschen Ihnen den GU-Ratgeber gegen einen anderen zum gleichen oder ähnlichen Thema um.

Liebe Leserin und lieber Leser,

wir freuen uns, dass Sie sich für ein GU-Buch entschieden haben. Mit Ihrem Kauf setzen Sie auf die Qualität, Kompetenz und Aktualität unserer Ratgeber. Dafür sagen wir Danke! Wir wollen als führender Ratgeberverlag noch besser werden. Daher ist uns Ihre Meinung wichtig. Bitte senden Sie uns Ihre Anregungen, Ihre Kritik oder Ihr ob zu unseren Büchern. Haben Sie Fragen oder benötigen Sie weiteren Rat zum Thema? Wir freuen uns auf Ihre Nachricht!

Wir sind für Sie da!
Montag–Donnerstag: 8.00–18.00 Uhr;
Freitag: 8.00–16.00 Uhr
Tel.: 0180-5005054*
Fax: 0180-5012054*
E-Mail: leserservice@graefe-und-unzer.de

PS: Wollen Sie noch mehr Aktuelles von GU wissen, dann abonnieren Sie doch unseren kostenlosen GU-Online-Newsletter und/oder unsere kostenlosen Kundenmagazine.

GRÄFE UND UNZER VERLAG
Leserservice
Postfach 86 03 13
81630 München

*(0,14 €/Min. aus dem dt. Festnetz/Mobilfunkpreise maximal 0,42 €/Min.)